NATHÁLIA DOTHLING

COSMOPOLÍTICA DO CUIDADO

Percorrendo caminhos com mulheres líderes quilombolas

SÃO PAULO

2022

CONTRACORRENTE

Alameda Itu, 852 | 1º andar |
CEP 01421 002
www.loja-editoracontracorrente.com.br
contato@editoracontracorrente.com.br

EDITORES
Camila Almeida Janela Valim
Gustavo Marinho de Carvalho
Rafael Valim
Walfrido Warde
Silvio Almeida

EQUIPE EDITORIAL
COORDENAÇÃO DE PROJETO: Juliana Daglio
PREPARAÇÃO DE TEXTO: Amanda Dorth
REVISÃO: Carla Carreiro
REVISÃO TÉCNICA: Douglas Magalhães
DIAGRAMAÇÃO: Pablo Madeira
CAPA: Maikon Nery

EQUIPE DE APOIO
Fabiana Celli
Carla Vasconcellos
Fernando Pereira
Valéria Pucci
Regina Gomes
Nathalia Oliveira

Dados Internacionais de Catalogação na Publicação (CIP)
(Câmara Brasileira do Livro, SP, Brasil)

Dothling, Nathália
Cosmopolítica do cuidado : percorrendo caminhos com mulheres líderes quilombolas / Nathália Dothling. -- São Paulo, SP : Editora Contracorrente, 2022.

Bibliografia.
ISBN 978-65-5396-036-7

1. Crítica social 2. Mulheres negras - Atividade política 3. Mulheres negras - Brasil - Condições sociais 4. Mulheres - Líderes 5. Quilombolas - Brasil I. Título.

22-115672 CDD-305.48896081

Índices para catálogo sistemático:

1. Brasil : Mulheres negras e não brancas : História social 305.48896081
Eliete Marques da Silva - Bibliotecária - CRB-8/9380

@editoracontracorrente
Editora Contracorrente
@ContraEditora

SUMÁRIO

APRESENTAÇÃO

Durante a graduação em Ciências Sociais, passei três anos estudando as temáticas da Antropologia das Relações de Gênero. Durante esse intervalo, pude perceber que a área, apesar de trazer as questões do feminismo negro, pós e descolonial, ainda tratava, majoritariamente, de mulheres brancas e burguesas. No meu trabalho de conclusão de curso (TCC), em 2014, trabalhei em um estudo etnográfico com as organizadoras da Marcha das Vadias de Florianópolis/SC, buscando perceber as influências do pensamento feminista anarquista no movimento. Desde aquele momento, o meu interesse era nas experiências outras, nas mulheres e feminismos que não apareciam com muita frequência no feminismo branco e hegemônico e nos estudos de gênero.

O próprio fato de ser negra me levou a perceber, naquele espaço da organização da Marcha das Vadias de Florianópolis, a busca por um feminismo interseccional e também os conflitos e desafios em relação às mulheres negras. Lembro-me de que, na defesa do TCC, uma das críticas era que meu trabalho tinha ficado muito pessoal. Isso ressoava em minha cabeça insistentemente, provocando-me de diversas maneiras. Depois de concluir o trabalho, continuei com leituras sobre interseccionalidade, feminismo negro e descolonial. Buscava, nessas leituras, um tema de pesquisa para o mestrado, mas também – e, talvez, principalmente – apoios para meu processo de tornar-me negra. Na escrita das mulheres negras me encontrava, como se elas falassem de mim, e dava-me conta que a produção de conhecimento negra passava totalmente pelas experiências pessoais. Quando bell hooks[1] narrava, em primeira pessoa, as histórias dela e das mulheres de sua família alisando os cabelos, demonstrando que isso era fazer ciência, muitas coisas começavam a fazer sentido para mim.

Em 2015, participei de algumas reuniões de organização da Marcha das Mulheres Negras de Santa Catarina e várias questões iam se tornando latentes; percebia que muitas das categorias e questões levantadas pelo feminismo *mainstream* (ou hegemônico) não davam conta daquelas outras experiências e nem mesmo das minhas. Dentre as mulheres que participavam das reuniões, havia mulheres de comunidades quilombolas e, desde então, comecei a me interessar pelo que diziam e pelo fato de haver tantas mulheres em papeis de liderança nessas comunidades. Pareceu-me a oportunidade perfeita de unir meu interesse por um novo tema de pesquisa e minha vontade de estar em contato com outras realidades. E foi assim que entrei no mestrado, em 2016, com a proposta de pesquisar a temática das mulheres líderes em comunidades quilombolas de Santa Catarina.

Passados mais de três anos da defesa de minha dissertação em Antropologia Social, revisito o trabalho, os diários de campo e trago aqui as reflexões que resultam desse exercício.

1 HOOKS, Bell. "Intelectuais negras". Trad. Marcos Santarrita. *Revista Estudos Feministas*, Florianópolis, 1995.

INTRODUÇÃO

No começo de fevereiro de 2017, fui com Cinthia – antropóloga responsável pelo relatório antropológico para o RTID –, pela primeira vez, à Comunidade Remanescente de Quilombo Toca de Santa Cruz. Nessa oportunidade, pude aprender como chegar à Toca, começar a reconhecer a comunidade e fui apresentada à Francisca de Jesus,[2] senhora negra, de 64 anos de idade, nascida no bairro Encantadas do município de Garopaba, litoral sul de Santa Catarina.

Dona Francisca é casada com Lima de Jesus, nascido ali mesmo na Toca e, portanto, moradora da comunidade há mais de 30 anos. Era ela quem recebia Cinthia em suas idas à comunidade e quem recebe, normalmente, pesquisadoras e pesquisadores que vão à Toca. Conversei com ela sobre minha pesquisa, e logo ofereceu que eu ficasse em sua casa quando quisesse voltar. Fiquei com seu número de telefone e também tinha o de Mariana Crioula.

Durante o mês de fevereiro, tentei inúmeras vezes ligar para dona Mariana Crioula, que nunca atendia ao telefone.

---

2 Diante do momento político em que vivemos no Brasil, de perseguições a comunidades quilombolas e profissionais das Humanas e Antropologia, em conversa com minha orientadora de mestrado e com algumas das mulheres das comunidades, decidimos que não usaríamos seus nomes verdadeiros ao longo deste texto. Sabemos que isso não garante que elas não sejam identificadas. No entanto, o que buscamos com o uso de pseudônimos é que o que está escrito aqui não possa ser usado diretamente contra elas ou contra o trabalho. Na escolha dos pseudônimos, escolhi homenagear mulheres e homens negros da História, e também de minha família.

Incentivada por minha orientadora e preocupada com o tempo que passava, combinei com dona Francisca de passar o dia lá com ela. No dia 3 de março de 2017, uma sexta-feira, fui mais uma vez à Toca, dessa vez sozinha. Peguei o ônibus em Florianópolis pela manhã e cheguei a Paulo Lopes às 10 horas. Fui caminhando em direção à comunidade. Desde a ida com Cinthia, fiquei com o cemitério como referência, e foi nele que perguntei sobre como chegar lá. Andei bem pouco, já que a comunidade não fica muito longe do centro da pequena cidade. Chegando perto do cemitério, avistei duas mulheres negras que entravam a pé na rua em que se inicia a comunidade ou o bairro de Santa Cruz. Essa é a única rua que tinha nome até então. A rua – chamada Manoel Felipe – foi batizada com o sobrenome das famílias escravizadas que fundaram o local, sobrenome que segue vivo dentre as famílias da comunidade até hoje.

As mulheres negras me anunciavam que ali era o caminho certo; que aquela era a rua "das e dos negros". E eu me senti, por um lado, negra, indo para o lugar certo, mas por outro, também tinha consciência de que minha posição de estudante universitária de classe média era distinta daquela.

Andei uns 20 minutos numa estradinha de terra muito simpática. Muito silêncio, apenas o som dos pássaros. Casinhas simples dos dois lados e paisagem bonita, com serras e campos verdes, flores, árvores e alguns laguinhos. Notava que algumas pessoas me olhavam timidamente desde as janelas de suas casas. Cheguei à casa de dona Francisca e conversamos um pouco. Logo fui tentar falar com dona Mariana Crioula e a encontrei por ali. Cheguei na porta de sua casa, havia um senhor na janela. Perguntei por ela; ele apenas olhou para o lado e a porta se abriu. Lá estava ela, o marido sentado na cadeira, uma das filhas ao lado, a outra no chão com uma criança, outra criança sentada nos colchões e uma adolescente. Tratava-se da família de Mariana Crioula, filhas e netas; o senhor era seu cunhado, irmão do marido, que também vivia ali. Todas e todos me olhavam, a filha com expressão séria.

Comecei a conversar com ela, mas não parecia ter muita vontade de falar comigo; logo começou a conversar um pouco e trouxe uma cadeira, a colocou na sombra e pediu para eu me sentar. Ela conversou comigo diante de toda a família, na porta da casa virada para a rua. Na minha cabeça, nós conversaríamos só as duas, de forma mais privada, mas me pareceu que, para ela, não existia essa possiblidade. Falou tudo ali mesmo e ninguém parecia incomodado, exceto eu, que estava meio sem jeito. Conversamos um pouco sobre minha pesquisa, ela me contou um pouco de sua vida, de como se tornou liderança na comunidade, mas de uma forma ainda bastante desconfiada – o que me parecia normal, já que eu também não sairia contando detalhes da minha vida à primeira estranha que batesse à minha porta.

Naquele momento, o que me interessava era informá-la de que pretendia estar por ali nos próximos meses, pesquisando sobre a liderança de mulheres e, de certa forma, ter o seu consentimento. Ela disse que tudo bem, que concordava com a pesquisa; como se aproximava a hora do almoço, me despedi e voltei para a casa de dona Francisca, com quem combinara de almoçar. Almocei com ela e conversamos bastante. Pude começar a conhecer um pouco mais de sua história e pedi, envergonhadamente, para dormir em sua casa na próxima vez que voltasse. Expliquei que ir e voltar todos os dias me daria muito trabalho e gastos. Ela entendeu e disse que tudo bem. Algumas horas depois do almoço, voltei ao centro de Paulo Lopes e peguei o ônibus de volta para Florianópolis.

Na noite de sábado para domingo, ainda recém-chegada do dia de campo, tive um sonho curioso. Ia caminhando pela estradinha da comunidade, em direção às casas de dona Mariana Crioula e dona Francisca, assim como fiz na sexta-feira. Algumas pessoas de dentro de suas casas me paravam e perguntavam para onde eu estava indo, o que fazia ali e, quando eu explicava mais sobre minha pesquisa, deixavam que eu passasse. De repente, na frente da casa de Mariana Crioula, um senhor muito velho, negro, de bigode, sobrancelhas e barba brancas, que segurava um cajado na mão, me parou. Parecia um Preto Velho, um Exu. Eu explicava, explicava, mas ele não queria deixar que eu seguisse o caminho. Perguntava-me em detalhes sobre o meu trabalho, sobre minha vida, sobre minhas intenções em estar ali e realizar aquela pesquisa. Foi um debate longo, cansativo; por mais que eu falasse, o senhor não se dava por satisfeito. A cada resposta e explicação de minha parte, novas perguntas surgiam.

Após uma noite longa sendo investigada por ele, respondendo às suas perguntas e buscando dentro de mim as razões para realizar aquela pesquisa, ele permitiu que eu seguisse o caminho. Logo virou um passarinho, pousou sobre meu ombro e continuou o caminho comigo. Quando cheguei à casa que seria de Francisca, avistei minha avó materna, já falecida, numa cama, nua. Tomei um susto, ela se levantou quase caindo, parecia debilitada. E eu disse: "Não vovó, eu vou aí". O pássaro se transformou no homem negro outra vez e me ajudou a chegar perto dela. O sonho acabou-se por aí. No outro dia, acordei cansada e lembrando-me de cada detalhe desse sonho tão vívido. Depois de seis meses, ao final de meu trabalho de campo nas duas comunidades quilombolas, descobri que Mariana Crioula, a dona da casa onde o senhor apareceu, era mãe de santo umbandista.

Na escrita da dissertação, em 2017, narrei o sonho e o usei como metáfora para meu caminho de enegrecer e para o caminho do aquilombar-se. Anos depois, estou convencida de que essa foi a chave de entrada, a permissão dos Orixás e Pretos Velhos para adentrar-me ao mundo das comunidades quilombolas. Foi o caminho que mudou minha vida, que me impulsionou para a transição capilar, que me conecta com minha ancestralidade, que me faz negra, que me tornou mestra, que me fez a profissional que sou hoje.

TOCA DE SANTA CRUZ E ALDEIA

Para a pesquisa de mestrado, fiz trabalho de campo em duas comunidades quilombolas: Toca de Santa Cruz e Aldeia, ambas localizadas no litoral sul de Santa Catarina. A comunidade da Toca de Santa Cruz localiza-se no município de Paulo Lopes e é composta por mais ou menos 130 pessoas, distribuídas em cerca de 30 casas. O regime de casamento é majoritariamente endogâmico. Há uma certa quantidade de casas em alvenaria na comunidade – algumas construídas com financiamento da Caixa Econômica Federal –, mas uma boa parte das casas é de madeira e está em condições precárias.

Várias dessas casas de madeira, chamadas ranchos pelas moradoras e pelos moradores, não têm banheiro. O índice de escolaridade da comunidade é bastante baixo, sendo que a maioria não é alfabetizada formalmente. As pessoas mais velhas tiveram que ajudar seus pais na roça desde pequenas e, portanto, não puderam aceder ou permanecer na escola, sendo a maioria sem escolarização formal. As pessoas mais jovens vêm aumentando o grau de escolaridade, mas há alta taxa de repetência e abandono escolar antes de finalizar o ensino fundamental. No que diz respeito à luta pelo território, a comunidade já tem o Relatório Técnico de Identificação e Delimitação (RTID) concluído, porém não publicado. Dessa forma, ainda lhes restam muitos passos para alcançar a titulação de seu território.

A comunidade da Aldeia localiza-se no bairro do Campo D'Una, pertencente ao município de Imbituba, Santa Catarina. A população da Aldeia é composta por cerca de 500 pessoas, entre as que vivem no território e as que estão fora, mas desejando voltar. Conforme Albuquerque,[3] entre os anos de 2002 e 2008, a comunidade foi reconhecendo-se e consolidando-se enquanto remanescente de quilombo. Com o fortalecimento das lutas, a comunidade foi rompendo, pouco a pouco, com as condições socioeconômicas impostas desde o período da escravidão. Em 2009, em decorrência de um convênio assinado entre o município e a Cohab,[4] foram construídas várias casas populares de alvenaria na comunidade através do programa do governo federal chamado Fundo Nacional de Habitação de Interesse Social (FNHIS).[5] Antes, as casas eram de madeira, com estruturas precárias. Hoje, vemos a maioria das casas da comunidade de alvenaria; pequenas e simples, mas com boa estrutura, embora ainda existam famílias vivendo em casas de madeira, esperando por um novo projeto habitacional para ter melhores habitações. Também podemos observar, desde essa época, um aumento no índice de escolaridade da população da comunidade, com uma grande quantidade de pessoas graduadas ou graduando-se em universidades particulares e públicas atualmente. No que diz respeito à luta pelo território quilombola, a Aldeia já foi reconhecida pela Fundação Cultural Palmares, e o relatório antropológico RTID estava em processo de elaboração no ano em que realizei trabalho de campo.

---

3 ALBUQUERQUE, Mauricélia. *Negros em Garopaba-SC*: experiência quilombola nas comunidades da Aldeia e do Fortunato. Florianópolis: Universidade do Estado de Santa Catarina, 2014. (Dissertação de Mestrado).

4 Companhia de Habitação do Estado de Santa Catarina.

5 ALBUQUERQUE, Mauricélia. *Negros em Garopaba-SC*: experiência quilombola nas comunidades da Aldeia e do Fortunato. Florianópolis: Universidade do Estado de Santa Catarina, 2014. (Dissertação de Mestrado).

NOS CAMINHOS
DA ORALIDADE

Não nasci rodeada de livros, mas rodeada de palavras. Havia toda uma herança das culturas africanas de contação de histórias.[6]

Conceição Evaristo

Do tempo/espaço aprendi desde criança a colher palavras. A nossa casa vazia de móveis, de coisas e muitas vezes de alimento e agasalhos, era habitada por palavras. Mamãe contava, minha tia contava, meu tio velhinho contava, os vizinhos amigos contavam. Eu, menina repetia, inventava. Cresci possuída pela oralidade, pela palavra. As bonecas de pano e de capim que minha mãe criava para as filhas nasciam com nome e história. Tudo era narrado, tudo era motivo de prosa-poesia.[7]

Conceição Evaristo

---

6 CAZES, Leonardo. "Conceição Evaristo: a literatura como arte da 'escrevivência'". *O Globo*, 11 jul. 2016. Disponível em: https://oglobo.globo.com/cultura/livros/conceicao-evaristo-literatura-como-arte-da-escrevivencia-19682928. Acessado em: 28.06.2022.

7 EVARISTO, Conceição. *Gênero e Etnia*: uma escre(vivência) de dupla face. João Pessoa: Ideia, 2005.

As mulheres negras e não brancas, em sua maioria, não tiveram e não têm acesso a uma educação de qualidade, consequentemente, existem poucas mulheres negras em posições acadêmicas influentes. Por serem minoria, têm sua forma de produzir conhecimento questionada e deslegitimada. Diante disso, Patrícia Hill Collins[8] propõe que o pensamento feminista negro, por ser uma teoria crítico-social, assuma os interesses e pontos de vista de suas criadoras, as intelectuais negras. Essa é uma postura proposital contra a elite masculina branca que detém a estrutura de legitimação do conhecimento e que, dessa forma, faz com que seus interesses selecionem quais são os temas, paradigmas e epistemologias válidos. Com isso, as experiências de mulheres negras e não brancas[9] acabam sempre desconsideradas como formas legítimas de conhecimento. Dessa forma, o pensamento feminista negro vem, exatamente, para ressaltar as vivências de mulheres não hegemônicas através de temas importantes do cotidiano, como trabalho, maternidade, políticas sexuais, família etc. As intelectuais negras devem aproveitar de seu *status* de acadêmicas para propor novas maneiras de conhecimento sobre mulheres negras enfrentando esse sistema que as desvaloriza e exclui.[10]

---

8 COLLINS, Patricia H. *Black Feminist Thought*. Nova York e Londres: Routledge, 2000.

9 Entendo, aqui, por mulheres não brancas, o equivalente à noção de *mulheres de cor* usada pelas feministas negras e *chicanas* nos Estados Unidos. Essa é uma categoria que não separa, mas reúne todas as mulheres negras, indígenas, mestiças, *cherokees*, porto-riquenhas, *sioux*, *chicanas*, mexicanas *pueblo*. Ou seja, toda a gama complexa de mulheres que não podem ser vistas apenas como vítimas da colonialidade de gênero, mas como sujeitas ativas de um feminismo descolonial. Mesmo entendendo por mulheres não brancas uma categoria que abarca também as mulheres negras, prefiro, em alguns momentos, enfatizar as mulheres negras por se tratar especificamente das mulheres sobre as quais essa pesquisa aborda.

10 COLLINS, Patricia H. *Black Feminist Thought*. Nova York e Londres: Routledge, 2000.

É nesse sentido que Lélia Gonzalez[11] – antropóloga, intelectual e feminista negra brasileira – critica a exclusividade da ciência moderna como padrão de produção de conhecimento e vê na hierarquização dos saberes um produto da classificação racial da sociedade. Ela afirma que a epistemologia eurocêntrica ganhou *status* de único conhecimento válido e que isso elimina outras experiências de conhecimento. Conforme a autora, as mulheres negras e não brancas são sempre associadas a determinados estereótipos que as objetificam e as colocam em lugares distantes da razão e próximas do corpo.[12] Lélia Gonzalez[13] propõe três modelos de representação das mulheres negras na sociedade brasileira: a mulata, a doméstica e a mãe preta. Segundo a autora, a mulata e a doméstica são derivações da mucama do período da escravidão, que era a moça escravizada negra que auxiliava nos serviços da casa, algumas vezes servia de ama-de-leite e que continua influenciando na maneira como as mulheres negras são vistas na sociedade, independentemente de classe social e profissão. "Mulata" implica dois significados sociais; um ligado à ideia da mestiçagem, e outro, à exploração econômica e sexual, no qual

11 GONZALEZ, Lélia. *A categoria político-cultural de amefricanidade*. Rio de Janeiro: Tempo Brasileiro, 1988.

12 As mulheres brancas também foram colocadas, ao longo da História, distantes da vida mental, mas a construção da imagem das mulheres brancas e negras foi distinta. As primeiras foram vistas como mulheres para se casar, para ter filhos, ou seja, seres sociais; enquanto as segundas foram hipersexualizadas, vistas apenas como mulheres para o sexo e parideiras de mão de obra escrava, sendo destituídas de humanidade. Ver LUGONES, María. *Colonialidad y género*. Bogotá: Tabula rasa, 2008; LUGONES, María. "Hacia un feminismo descolonial". *La Manzana De La Discordia*, vol. 6, nº 2, 2011, pp. 105–117. Disponível em: https://doi.org/10.25100/lamanzanadeladiscordia.v6i2.1504. Acessado em: 12.07.2022; CARNEIRO, Sueli. "Enegrecer o feminismo: a situação da mulher negra na América Latina a partir de uma perspectiva de gênero". *Portal Geledés*, 6 mar. 2011. Disponível em: https://www.geledes.org.br/enegrecer-o-feminismo-situacao-da-mulher-negra-na-america-latina-partir-de-uma-perspectiva-de-genero/. Acessado em: 28.06.2022.

13 GONZALEZ, Lélia. "Racismo e sexismo na cultura brasileira". *Revista Ciências Sociais Hoje*, 1984, pp. 223-244.

é vista como objeto, mercadoria de exportação. E a mãe preta representa a passividade e a resignação esperadas das mulheres negras pela sociedade branca e classe média. Mas a autora trata de mostrar como, na verdade, a mãe preta foi uma sujeita política importante na transmissão e manutenção de expressões culturais e linguísticas de origem africana.

Bell hooks[14] também aponta para esses estereótipos que objetificam as mulheres negras na sociedade norte-americana. Conforme a autora, desde a escravidão, as mulheres negras foram utilizadas como incubadoras para gerar novas mãos de obra escravizadas e estupradas nesse processo. Isso também ocorreu no Brasil, aquilo que Sueli Carneiro[15] vai chamar de "estupro colonial". Mas voltando a bell hooks, ela diz que, para justificar isso, a cultura branca teve que produzir imagens de corpos das mulheres negras que insistiam em colocá-las como hipersexualizadas. Essas representações incutiram na consciência de todos a ideia de que mulheres negras eram só corpo sem mente. A aceitação cultural dessas representações continua a informar a maneira como as negras são encaradas. Vistos como símbolo sexual, os corpos femininos negros são postos numa categoria em termos culturais tida como bastante distante da vida mental.[16]

Conceição Evaristo[17] – doutora em Literatura Comparada e ativista negra – também reflete sobre a maneira como as mulheres negras são afastadas da escrita. De acordo com ela:

---

14 HOOKS, Bell. "Intelectuais negras". Trad. Marcos Santarrita. *Revista Estudos Feministas*, Florianópolis, 1995.

15 CARNEIRO, Sueli. "Enegrecer o feminismo: a situação da mulher negra na América Latina a partir de uma perspectiva de gênero". *Portal Geledés*, 6 mar. 2011. Disponível em: https://www.geledes.org.br/enegrecer-o-feminismo-situacao-da-mulher-negra-na-america-latina-partir-de-uma-perspectiva-de-genero/. Acessado em: 28.06.2022.

16 HOOKS, Bell. "Intelectuais negras". Trad. Marcos Santarrita. *Revista Estudos Feministas*, Florianópolis, 1995, p. 469.

17 Em entrevista concedida a Bárbara Araújo Machado e publicada em 2014.

> Quando mulheres do povo como Carolina, como minha mãe, como eu também, nos dispomos a escrever, eu acho que a gente está rompendo com o lugar que normalmente nos é reservado. A mulher negra, ela pode cantar, ela pode dançar, ela pode cozinhar, ela pode se prostituir, mas escrever, não, escrever é alguma coisa... é um exercício que a elite julga que só ela tem esse direito. Escrever e ser reconhecido como um escritor ou como escritora, aí é um privilégio da elite.[18]

Lélia Gonzalez coloca muito bem o que significa que nós, mulheres e homens negros, escrevamos.

> Ora, na medida em que nós negros estamos na lata de lixo da sociedade brasileira, pois assim o determina a lógica da dominação, caberia uma indagação via psicanálise. E justamente a partir da alternativa proposta por Miller, ou seja: por que o negro é isso que a lógica da dominação tenta (e consegue muitas vezes, nós o sabemos) domesticar? E o risco que assumimos aqui é o do ato de falar com todas as implicações. Exatamente porque temos sido falados, infantilizados (infans, é aquele que não tem fala própria, é a criança que se fala na terceira pessoa, porque falada pelos adultos), que neste trabalho assumimos nossa própria fala. Ou seja, o lixo vai falar, e numa boa.[19]

Cláudia Pons Cardoso[20] – feminista negra e professora da UFBA – fala sobre como a ciência e, no caso, como o pensamento

---

18 EVARISTO, Conceição *apud* MACHADO, Bárbara. "Escre(vivência): a trajetória de Conceição Evaristo". *História Oral*, vol. 17, nº 1, 2014, p. 249. Disponível em: https://www.revista.historiaoral.org.br/index.php/rho/article/view/343. Acessado em: 28.06.2022.

19 GONZALEZ, Lélia. "Racismo e sexismo na cultura brasileira". *Revista Ciências Sociais Hoje*, 1984, p. 225.

20 CARDOSO, Cláudia P. "História das mulheres negras e pensamento feminista negro: algumas reflexões". *Seminário Internacional Fazendo Gênero 8*: corpo, violência e poder. Florianópolis, ago. 2008.

feminista hegemônico afastam as mulheres negras e não brancas da produção de conhecimento. Ao analisar o livro de Céli Pinto – no qual a autora narra a história do feminismo no Brasil –, percebe como ela considera que o movimento feminista não era popular, mas, sim, de mulheres intelectuais da classe média e que a popularização do feminismo no Brasil deu-se como estratégia política. Dessa forma, Cardoso[21] afirma que esse feminismo contado por Céli Pinto não dá espaço para mulheres que não sejam eruditas e que desconheçam o manejo da escrita, apagando os protagonismos de tantas outras mulheres. Assim, esse feminismo permite que só uma parcela de mulheres – brancas, eruditas e de classe média – tenham autoridade de fala, o que deslegitima as formas de conhecimento e vivências de mulheres negras e não brancas.

Não é de qualquer forma que nós, mulheres negras, escrevemos. Conceição Evaristo argumenta que todo texto tem um ponto de vista que não é fruto de uma geração espontânea. Ao contrário, todo ponto de vista tem autoria, uma ou um sujeito que, com suas vivências, vai criando, inventando o texto. Conforme a autora,

> Em síntese, quando escrevo, quando invento, quando crio a minha ficção, não me desvencilho de um "corpo-mulher-negra em vivência" e que por ser esse "o meu corpo, e não outro", vivi e vivo experiências que um corpo não negro, não mulher, jamais experimenta.[22]

Dessa forma, a escritora afirma que as mulheres negras, ao escreverem, inscrevem no texto imagens de uma autorrepresentação. É assim que, para ela, surge o que ela chama de *escre(vivência)*,

---

21 CARDOSO, Cláudia P. "História das mulheres negras e pensamento feminista negro: algumas reflexões". *Seminário Internacional Fazendo Gênero 8*: corpo, violência e poder. Florianópolis, ago. 2008.

22 EVARISTO, Conceição. *Literatura negra*: uma poética de nossa afro-brasilidade. Belo Horizonte: Scripta, 2009, p. 18.

forma de produção de conhecimento que ressalta a fala de um corpo que não é descrito, mas vivido, e explicita as experiências de mulheres que conhecem a dupla condição de mulher e negra, as quais a sociedade insiste em colocar como inferiorizadas. É nesse sentido que os textos de mulheres negras "buscam semantizar um outro movimento, aquele que abriga todas as suas lutas. Toma-se o *lugar da escrita*, como direito, assim como se toma o *lugar da vida*".[23]

De acordo com Conceição Evaristo,[24] a academia não é um lugar neutro, e intelectuais, professores e professoras que estejam ali estão militando de alguma maneira, a favor ou contra o *status quo*. Em seu caminho acadêmico, Evaristo dá-se conta disso quando percebe a importância para a luta política de questionar o conhecimento acadêmico estabelecido. É nesse sentido que, em outra entrevista concedida a Bárbara Machado em 2013, a escritora é ainda mais contundente em afirmar que a academia é um campo de militância e que deve ser povoada por pessoas de classes populares e não brancas, que tragam novos discursos, posicionamentos e formas de saberes diferenciados. Assim, ela coloca que "hoje eu não tenho nenhuma dificuldade de encarar a academia como um espaço meu, que eu tenho que estar lá dentro com uma outra postura".[25]

Bell hooks[26] questiona o próprio significado do que é ser intelectual; para ela, intelectual não é apenas alguém que lida com

---

23 EVARISTO, Conceição. *Gênero e Etnia*: uma escre(vivência) de dupla face. João Pessoa: Ideia, 2005, p. 7.

24 EVARISTO, Conceição *apud* MACHADO, Bárbara. "Escre(vivência): a trajetória de Conceição Evaristo". *História Oral*, vol. 17, nº 1, 2014, pp. 243-265. Disponível em: https://www.revista.historiaoral.org.br/index.php/rho/article/view/343. Acessado em: 28.06.2022.

25 EVARISTO, Conceição *apud* MACHADO, Bárbara. "Escre(vivência): a trajetória de Conceição Evaristo". *História Oral*, vol. 17, nº 1, 2014, p. 255. Disponível em: https://www.revista.historiaoral.org.br/index.php/rho/article/view/343. Acessado em: 28.06.2022.

26 HOOKS, Bell. "Intelectuais negras". Trad. Marcos Santarrita. *Revista Estudos Feministas*, Florianópolis, 1995.

ideias, mas alguém que o faz transgredindo fronteiras discursivas. O conceito ocidental, racista e sexista do que é ser intelectual faz com que as mulheres negras não possam ser vistas como tais. Hooks afirma que as representações globais das mulheres negras na contemporaneidade continuam colocando-as como mais sexuais, como aberrações primitivas descontroladas, como mulheres que existem para servir às outras e aos outros. Para ela, essa insistência cultural de que as mulheres negras sejam sempre vistas nesses papeis faz com que elas não escolham se tornar intelectuais. Para a autora, a atividade intelectual é também uma forma de ativismo e, por isso, enfatiza a importância de pessoas não hegemônicas – mulheres não brancas, negras – na academia. Ela acredita que essa presença provoca a transgressão do conhecimento e da atividade intelectual, na medida em que muda a maneira como essas pessoas serão vistas.

Hooks pontua que a busca pela intelectualidade não é bem-vista na comunidade negra, mas aponta que a busca pela alfabetização sempre foi uma luta histórica para a comunidade afro-americana. De acordo com a autora, o trabalho intelectual é uma parte importante na luta pela libertação, pois significa um esforço de pessoas oprimidas e exploradas que passam de objeto a sujeito, descolonizam e libertam suas mentes. Mas nessa construção, a autora não está falando de reprodução de atividade intelectual que já existe, mas de transgressão de conhecimento.[27]

É sob esse olhar que podemos pensar na produção científica de Lélia Gonzalez, nos anos 80, como pioneira nas discussões sobre a descolonização do saber. A autora contrapõe-se ao modelo científico hegemônico, que ela considera racista e colonialista, e utiliza em seus trabalhos uma linguagem que não se encaixa às normas e exigências gramaticais e acadêmicas, mas remete ao legado

27 HOOKS, Bell. "Intelectuais negras". Trad. Marcos Santarrita. *Revista Estudos Feministas*, Florianópolis, 1995.

linguístico africano. Ela propõe a categoria de "amefricanidade", que se refere "à experiência comum de mulheres e homens negros na diáspora e à experiência de mulheres e homens indígenas contra a dominação colonial".[28] Conforme Lélia Gonzalez:

> Amefricanidade incorpora todo um processo histórico de intensa dinâmica cultural (adaptação, resistência, reinterpretação e criação de novas formas) que é afrocentrada (...). Seu valor metodológico, a meu ver, está no fato de permitir a possibilidade de resgatar uma unidade específica, historicamente forjada no interior de diferentes sociedades que se formaram numa determinada parte do mundo.[29]

Portanto, o que a autora propõe é uma virada epistêmica com a sugestão da categoria; uma outra forma de pensar e de produzir conhecimento que parte e resgata as experiências de mulheres negras, homens negros e indígenas na resistência contra racismo, sexismo, colonização e, dessa forma, desloca essas pessoas da margem ao centro da investigação. Para a autora, a amefricanidade esteve sempre presente nas revoltas, estratégias de resistência e reelaboração diante da colonização. Ao propor categorias próprias para pensar esses processos, Lélia propõe também um desprendimento do pensamento europeu, a descolonização do saber através de categorias negras.[30]

---

28 CARDOSO, Cláudia P. "Amefricanizando o feminismo: o pensamento de Lélia Gonzalez". *Revista Estudos Feministas*, Florianópolis, vol. 22, nº 3, 2014, p. 971.

29 GONZALEZ, Lélia. *A categoria político-cultural de amefricanidade*. Rio de Janeiro: Tempo Brasileiro, 1988, p. 76.

30 CARDOSO, Cláudia P. "Amefricanizando o feminismo: o pensamento de Lélia Gonzalez". *Revista Estudos Feministas*, Florianópolis, vol. 22, nº 3, 2014; GONZALEZ, Lélia. *A categoria político-cultural de amefricanidade*. Rio de Janeiro: Tempo Brasileiro, 1988.

Para hooks,[31] pensar a atividade intelectual de mulheres negras é pensar uma maneira diferente de produção de conhecimento que transcende as produções individuais. Além disso, ela chama atenção para o fato de atividades intelectuais de mulheres negras serem vistas como suspeitas dentro das universidades. Assim, hooks sugere que não devemos usar um estilo tradicional acadêmico buscando aceitação, pois de qualquer maneira não há garantia de que o trabalho intelectual negro será respeitado e isso pode afastar-nos de leitores e leitoras negras. Temer a aceitação acadêmica pode ser um entrave na produção de conhecimento intelectual das pessoas negras.

A autora relata que, quando publicou sua primeira coletânea de ensaios que tinham um estilo de narrativa muito pessoal, ela se sentiu um pouco insegura sobre se eles falariam a um público maior que família e amigos. Logo se surpreendeu com a quantidade de cartas de mulheres negras que se assemelhavam às suas histórias de dificuldade na vida acadêmica, perseguição de professoras e professores e as dúvidas que esses fatos geravam sobre sua capacidade de produção intelectual. Assim, ela percebeu que suas histórias pessoais contavam muito de uma realidade social: a dificuldade das mulheres negras em seguir carreiras acadêmicas e que partir de experiências concretas é uma maneira legítima de produzir conhecimento.[32]

Patricia Hill Collins[33] também traz considerações importantes acerca do pensamento feminista negro. De acordo com ela, o fato de esse pensamento ser construído por mulheres intelectuais negras faz com que as vivências delas e de outras mulheres afro-americanas que não estão na academia tornem-se de total importância

---

31 HOOKS, Bell. "Intelectuais negras". Trad. Marcos Santarrita. *Revista Estudos Feministas*, Florianópolis, 1995.

32 HOOKS, Bell. "Intelectuais negras". Trad. Marcos Santarrita. *Revista Estudos Feministas*, Florianópolis, 1995.

33 COLLINS, Patricia H. *Black Feminist Thought*. Nova York e Londres: Routledge, 2000.

para a produção de conhecimento. Como as intelectuais negras – de diversas idades e classes sociais – têm estreita relação com as realidades sociais que estudam, o pensamento feminista negro tem estatuto de teoria social crítica que depende da capacidade de análise das intelectuais negras de seus próprios locais sociais. Mas a autora deixa claro que não se trata de que o grupo de mulheres negras seja homogêneo, e, sim, de que haja conexões entre as diversas experiências de mulheres negras. Para ela, ser mulher e negra nos Estados Unidos – mesmo que com vivências muito diferentes – significa que as mulheres negras vivem em um mundo diferente daquele no qual vivem pessoas que não são negras e não são mulheres; além disso, enfrentam desafios comuns em uma sociedade que, historicamente, derrogou as mulheres afrodescendentes. Isso não quer dizer que as experiências individuais das mulheres negras sejam todas as mesmas, mas que há elementos que as unem.

Então, o pensamento feminista negro é uma tentativa de reunir aquilo que há de comum nas experiências de mulheres negras, mas sem desvalorizar as especificidades de cada vivência particular. Conforme afirma a autora, a especial relação entre intelectuais negras e a comunidade afro-americana enfoca a inter-relação entre dois tipos de conhecimento. O ponto em comum entre esses tipos de conhecimentos é que nascem dos pensamentos e ações cotidianas, e isso constitui-se no mais importante tipo de conhecimento para o pensamento feminista negro. Para Collins,

> As ideias que as mulheres negras compartilham umas com as outras informalmente, como dicas diárias de como arrumar o cabelo, características de um "bom" homem negro, estratégias para lidar com a população branca e as habilidades de "como superar", fornecem as bases para o conhecimento adquirido (tradução nossa).[34]

---

34 "*The ideas that Black women share with one another on an informal, daily basis about topics such as how to style our hair, characteristics of 'good' Black*

Apesar de falar sobre a realidade de mulheres afro-americanas nos Estados Unidos, acredito que as reflexões de Patricia Hill Collins são pertinentes para pensarmos a produção de conhecimento de mulheres negras também no Brasil e nas Américas em geral, já que todas temos como vivência em comum a diáspora negra. A própria epistemologia feminista negra permite essa aproximação, na medida em que parte das vivências pessoais, narradas em primeira pessoa, mas transcendem o eu, enfatizando a dimensão social e histórica dessas narrativas, pois, segundo Collins,[35] conhecimento cotidiano e conhecimento acadêmico são interdependentes. É por esse aspecto que escolho trabalhar com narrativas biográficas nessa pesquisa, entendendo que a etnobiografia trata as e os sujeitos entrelaçados com suas vidas sociais.

Segundo Amadou Hampâté,[36] falar em tradição na história africana é falar em tradição oral, que é a grande escala da vida, na medida em que é central para as práticas religiosas, de conhecimento, das ciências naturais, de iniciação à arte, à História e ao divertimento. Dessa forma, os ensinamentos fundamentais para a vida social estão contidos nas histórias e são por elas transmitidos. Para os diversos povos africanos, a oralidade é o conhecimento total e não se limita a histórias, lendas e relatos mitológicos; ela recupera e relaciona todos os aspectos da vida, desconcertando a mentalidade cartesiana que separa tudo em categorias.

Na tradição oral, material e espiritual são aspectos indissociáveis, pois baseia-se na experiência e conduz o ser humano à

---

men, strategies for dealing with White folks, and skills of how to 'get over' provide the foundations for this taken-for-granted knowledge". COLLINS, Patricia H. *Black Feminist Thought*. Nova York e Londres: Routledge, 2000, p. 34.

35 COLLINS, Patricia H. *Black Feminist Thought*. Nova York e Londres: Routledge, 2000.

36 HAMPÂTÉ BÁ, Amadou. *A tradição viva*: história geral da África. vol. 1. São Paulo: Ática/Unesco, 1980.

sua totalidade, criando a própria noção de pessoa para as diversas etnias africanas. Assim, a "cultura" africana não é algo abstrato, isolado da vida; ela está ligada a uma concepção de mundo que o percebe como um Todo, no qual todas as coisas estão interligadas e interagindo. Nesse sentido, a tradição oral pode ser considerada uma forma de educação peculiar, ao mesmo tempo material, psicológica e espiritual, baseada no sentimento de unidade da vida. Nas diversas comunidades quilombolas no Brasil, percebe-se a centralidade da oralidade e a grande importância que a tradição oral e a memória têm na transmissão de saberes históricos e socioculturais e na (r)existência desses grupos sociais.[37]

Diante destas realidades e do fato de ser mulher negra, assumi desde o princípio uma postura epistemológica feminista negra e descolonial, e busquei trabalhar com a abordagem etnobiográfica como forma de valorizar as narrativas e experiências locais.

Daniel Bertaux[38] sugere que a abordagem biográfica tem intuito de questionar a epistemologia neopositivista, na medida em que reconhece o valor sociológico dos saberes das pessoas que pesquisamos. Dessa forma, essas pessoas deixam de ser vistas como objetos de observação e passam a ser reconhecidas como colaboradoras da pesquisa. Esse movimento objetiva

> (...) *poner en duda nuestro monopolio institucional sobre el saber sociológico y abandonar la pretensión de la sociología como ciencia exacta; monopolio y pretensión en los que reposa la legitimidad de la sociología como institución.*[39]

---

37 SANTOS, Fátima. "Contar histórias a partir da tradição griot". *VI Congresso de Pesquisa e Pós-Graduação em Artes Cênicas*, vol. 11, nº 1, 2010.

38 BERTAUX, Daniel. "El enfoque biográfico: su validez metodológica, sus potencialidades". Traduzido do francês por TCU 0113020 da Universidad de Costa Rica. *Proposiciones*, nº 29, mar. [1980] 1999.

39 BERTAUX, Daniel. "El enfoque biográfico: su validez metodológica, sus potencialidades". Traduzido do francês por TCU 0113020 da Universidad

Além disso, tem como objetivo reconhecer que as experiências humanas são portadoras de saberes sociológicos. Portanto, estamos imersos em um oceano de saberes que nem sempre operam da mesma maneira e, muitas vezes, não queremos saber nada sobre eles, já que ficamos presas e presos nas formas hegemônicas de ciência.

De acordo com Gussi,[40] a abordagem biográfica reconhece que entre o vivido e o narrado ocorre a construção de saberes e trata exatamente de buscar uma compreensão científica sobre os saberes que as sujeitas e os sujeitos constroem nas narrativas biográficas, entender as experiências do Outro aprendendo com elas e "construir um conhecimento entre os saberes que envolva distintas 'racionalidades', tanto dos biografados como o do autor".[41] Assim, o que importa é o que os e as colaboradoras sabem por terem vivenciado diretamente.[42] Aqui, vale retornar à Patrícia Hill Collins[43] e à crítica que faz ao positivismo e neopositivismo. Para ela, a produção científica positivista dá-se na tentativa de generalizações objetivas que não valorizam experiências e emoções, mas apenas a racionalidade. Seguindo de forma estrita suas regras metodológicas, distanciam-se de si mesmos e de seus valores e interesses que têm a ver com o lugar de onde falam, ou seja, com raça, sexo, classe a que pertencem e alegam serem apenas observadores e manipuladores da natureza.

---

de Costa Rica. *Proposiciones*, nº 29, mar. [1980] 1999, p. 16.

40 GUSSI, Alcides F. "Reflexões sobre os usos de narrativas biográficas e suas implicações epistemológicas entre a Antropologia e a Educação". *26ª Reunião brasileira de Antropologia*, Porto Seguro, jun. 2008.

41 GUSSI, Alcides F. "Reflexões sobre os usos de narrativas biográficas e suas implicações epistemológicas entre a Antropologia e a Educação". *26ª Reunião brasileira de Antropologia*, Porto Seguro, jun. 2008, p. 15.

42 BERTAUX, Daniel. "El enfoque biográfico: su validez metodológica, sus potencialidades". Traduzido do francês por TCU 0113020 da Universidad de Costa Rica. *Proposiciones*, nº 29, mar. [1980] 1999.

43 COLLINS, Patricia H. *Black Feminist Thought*. Nova York e Londres: Routledge, 2000.

Na epistemologia positivista, há uma clara divisão entre pessoas pesquisadas – que são tratadas como objeto de estudo – e quem pesquisa, que assume o papel de sujeito. Na abordagem biográfica, considera-se uma dimensão intersubjetiva, ao relacionar a biografia da pesquisadora ou pesquisador com a construção das narrativas biográficas das e dos sujeitos. Ao realizar essa prática reflexiva, o e a antropóloga enunciam-se na pesquisa e no caminho de construção do conhecimento, refletindo em como modifica e é modificada ou modificado pela pesquisa, numa perspectiva autobiográfica. Dessa forma, a produção de conhecimento é vista como resultado do encontro e aprendizagem com colaboradoras e colaboradores e suas experiências vividas e narradas e, portanto, "é possível 'aprender a aprender' com o Outro, tomando suas vidas como produção de conhecimento e de reflexão e, com isso, construir ao mesmo tempo uma reflexão autobiográfica e um conhecimento científico".[44]

A abordagem biográfica constitui-se em entrelaçar as experiências vividas e narradas pelas sujeitas e sujeitos, levando em conta que suas histórias constroem reflexões, emoções, pensamentos e significados de suas vidas. Nesse sentido, as experiências vividas, quando narradas, configuram-se em reflexão acerca do contexto social.[45] Nessa direção, Bertaux[46] coloca que as histórias de vida não nos interessam apenas como histórias pessoais, mas, principalmente, como pretexto para descrever o universo social de quem narra. Assim, a autobiografia toma forma de etnografia, pois através dos olhos de quem narra vemos seu mundo. As experiências são

44 GUSSI, Alcides F. "Reflexões sobre os usos de narrativas biográficas e suas implicações epistemológicas entre a Antropologia e a Educação". *26ª Reunião brasileira de Antropologia*, Porto Seguro, jun. 2008, p. 14.

45 GUSSI, Alcides F. "Reflexões sobre os usos de narrativas biográficas e suas implicações epistemológicas entre a Antropologia e a Educação". *26ª Reunião brasileira de Antropologia*, Porto Seguro, jun. 2008.

46 BERTAUX, Daniel. "El enfoque biográfico: su validez metodológica, sus potencialidades". Traduzido do francês por TCU 0113020 da Universidad de Costa Rica. *Proposiciones*, nº 29, mar. 1999.

interações entre pessoas e mundo que revelam o um e o outro e o um em relação aos outros.

De acordo com Marco Gonçalves, Roberto Marques e Vânia Cardoso,[47] a problematização antropológica em torno dos conceitos de indivíduo e sociedade tem trazido novas conceituações na busca de dar conta das relações entre construção de personagens etnográficos, sujeitos subjetivados e razão cultural. É no âmbito dessas discussões que surge a ideia da etnobiografia, entre a tensão produtiva da biografia e da etnografia. Essa abordagem pretende a formulação de narrativas biográficas a partir das experiências individuais de cada uma das atrizes e dos atores imersas e imersos em suas percepções culturais e a ruptura com as dicotomias subjetividade/objetividade, cultura/personalidade, indivíduo/coletivo.

> O indivíduo passa a ser pensado a partir de sua potência de individuação enquanto manifestação criativa, pois é justamente através dessa interpretação pessoal que as ideias culturais se precipitam e tem-se acesso à cultura.[48]

A etnobiografia trata das intricadas relações entre sujeito, indivíduo e cultura, considerando que as imaginações pessoais das e dos indivíduos são sempre situadas e criam o mundo para si próprias e próprios e suas perspectivas sobre este mundo. Assim, a realidade sociocultural se confunde com as histórias e narrativas contadas sobre ela. Mas é importante perceber que na etnobiografia, os indivíduos não são vistos apenas como manifestação da representação coletiva, mas como individuações criativas, personagens-pessoas, que desenvolvem autonomia de significados em

---

47 GONÇALVES, Antônio M.; MARQUES, Roberto; CARDOSO, Vânia Z. *Etnobiografia*: subjetivação e etnografia. Rio de Janeiro: Viveiros de Castro, 2012.

48 GONÇALVES, Antônio M.; MARQUES, Roberto; CARDOSO, Vânia Z. *Etnobiografia*: subjetivação e etnografia. Rio de Janeiro: Viveiros de Castro, 2012.

relação à sociedade. Nesse caso, a discursividade assume papel de agência, na medida em que cria e agrega significados ao mundo e às coisas, e é assim que as narrativas constituem, ao mesmo tempo, a experiência, o evento, o social e as personagens-pessoas. O conceito de etnobiografia, além de mudar a maneira como tratamos as histórias que nos são contadas, muda também a forma como nós contaremos nossas histórias etnográficas sobre essas histórias e personagens-pessoas. Dessa forma, a etnobiografia implica uma dimensão metanarrativa da etnografia, na qual a agência da narrativa torna-se objeto etnográfico e na qual as narrativas são construídas na relação entre sujeitas e sujeitos da etnografia (pesquisadas e antropóloga).

Remetendo a Le Goff, Gussi[49] afirma que quando construímos uma biografia por meio da personagem estamos construindo uma explicação da sociedade daquele tempo. Assim, a abordagem biográfica trata a e o indivíduo, as especificidades de cada experiência e o contexto social de forma equilibrada e entrelaçada, entendendo que cada experiência vivida e narrada está em estreita relação com o contexto social e histórico em que ocorre. Há uma centralidade na experiência singular da e do sujeito que narra, mas compreendendo que essa narrativa contém muito da construção e relação com o mundo de quem narra. Nesse âmbito, ocorre a ruptura com a dicotomia indivíduo/sociedade, já que a abordagem biográfica permite, ao mesmo tempo, informar sobre contextos sociais, evocar experiências diversas e revelar a relação entre colaboradoras e pesquisadoras.

Portanto, assim como Benjamin[50] mostra, narrar é trocar experiências e experiência não é observação científica, mas prática

---

49 GUSSI, Alcides F. "Reflexões sobre os usos de narrativas biográficas e suas implicações epistemológicas entre a Antropologia e a Educação". *26ª Reunião brasileira de Antropologia*, Porto Seguro, jun. 2008.

50 BENJAMIN, Walter. "O narrador: considerações sobre a obra de Nicolai Lescov". *In*: ______. *Obras escolhidas*: magia e técnica, arte e política. São

popular de sabedoria. É através da experiência que cada pessoa constrói seu mundo e refaz a si mesma e pelo ato de narrar reflete sobre as experiências vividas.[51] É também nesse sentido que Collins[52] afirma que, para as pessoas negras, as experiências pessoais tornam-se muito importantes para falar de problemas sociais graves, demonstrando que as experiências vividas desafiam a estrutura formal de educação como única forma legítima de conhecimento. Trabalhar com as narrativas biográficas de experiências vividas rompe com a ideia de que só quem escreve na academia produz conhecimento legítimo e, dessa forma, valoriza outras maneiras de produção de conhecimento. No caso de minha pesquisa, em que a maioria das mulheres da Toca e algumas mulheres da Aldeia não tiveram acesso à educação formal, a abordagem biográfica configura-se em uma necessidade para aprender com elas sobre seus mundos e em seus termos, nos quais a oralidade tem grande centralidade. Essa pesquisa pode ser vista como o resultado das relações que estabeleci com elas, estimulando que me narrassem suas vidas nos aspectos que interessavam ao tema de meu trabalho, e as análises que faço de todo esse entrelaçamento desde minha experiência. Partir de suas experiências vividas e narradas é a tentativa de valorizar a sabedoria dessas mulheres. O que interessa aqui é romper com o par visão da antropóloga *versus* visão das pessoas pesquisadas e reforçar a ideia de que esse trabalho e a construção do conhecimento aqui são o resultado de nossas relações e encontro.[53]

Paulo: Brasiliense, 1985.

51 GUSSI, Alcides F. "Reflexões sobre os usos de narrativas biográficas e suas implicações epistemológicas entre a Antropologia e a Educação". *26ª Reunião brasileira de Antropologia*, Porto Seguro, jun. 2008.

52 COLLINS, Patricia H. *Black Feminist Thought*. Nova York e Londres: Routledge, 2000.

53 GONÇALVES, Antônio M.; MARQUES, Roberto; CARDOSO, Vânia Z. *Etnobiografia*: subjetivação e etnografia. Rio de Janeiro: Viveiros de Castro, 2012.

DA ESCRAVIDÃO ÀS CASAS DAS PATROAS BRANCAS

> *A voz de minha bisavó ecoou criança nos porões do navio. ecoou lamentos de uma infância perdida. A voz de minha avó ecoou obediência aos brancos-donos de tudo. A voz de minha mãe ecoou baixinho revolta no fundo das cozinhas alheias debaixo das trouxas roupagens sujas dos brancos pelo caminho empoeirado rumo à favela. A minha voz ainda ecoa versos perplexos com rimas de sangue e fome. A voz de minha filha recolhe todas as nossas vozes recolhe em si as vozes mudas caladas engasgadas nas gargantas. A voz de minha filha recolhe em si a fala e o ato. O ontem – o hoje – o agora. Na voz de minha filha se fará ouvir a ressonância o eco da vida-liberdade.*[54]
>
> Conceição Evaristo

Desde o começo do trabalho de campo, ia de casa em casa, apresentando-me, fazendo o levantamento genealógico e estimulando as mulheres a me contarem suas histórias de vida. À medida que elas narravam, fui surpreendendo-me com as semelhanças presentes nas narrativas no que diz respeito a seus percursos laborais. Na

---

54 EVARISTO, Conceição. *Poemas da recordação e outros movimentos*. Rio de Janeiro: Malê, 2017.

Toca de Santa Cruz, percebia que todas as narrativas das mulheres eram perpassadas pela baixa escolaridade e por trabalhos como empregada doméstica, lavadeira, faxineira, cuidadora de crianças e idosos, além de doenças relacionadas aos trabalhos pesados, no caso das mulheres acima de 40 anos.

Como narrei anteriormente, dona Francisca foi a pessoa que me recebeu carinhosamente em sua casa durante dois meses de trabalho de campo na Toca de Santa Cruz e em outras idas esporádicas, ao longo dos outros dois meses em que realizava trabalho de campo na Aldeia. Em várias de nossas conversas, ela contou-me que desde novinha ajudava seus pais na lavoura, nos afazeres da casa e na pesca. Depois de casada, lavou e passou roupa para fora, trabalhou como faxineira em casas de Paulo Lopes e cuidou, por vários anos, de uma senhora da cidade. Disse que trabalhou assim por muito tempo; saía cedo de casa, mas antes deixava tudo arrumadinho – casa, comida, roupa – e ia cuidar da mulher.

– Ah, minha filha. Essa mulher tinha depressão. Perdeu os filhos todos de acidente de carro. E essa mulher chorava, ai meu Deus, como essa mulher chorava. Gritava a noite toda e o vizinho ligava pra mim, pra eu cuidar dela, fazer ela parar de chorar. Mas eu dizia que não ia, porque meu horário era pelo dia e à noite eu queria dormir e ficar com minha família.[55]

Francisca só deixou o trabalho quando a senhora faleceu. Durante minha convivência com ela, contou-me muitas vezes histórias sobre a patroa: casos dos filhos, preferências relacionadas à alimentação, e nunca me contou nada sobre sua própria mãe. Até sua neta acha que a senhora era na verdade a mãe de Francisca. Nem com a morte da patroa, ela ficou livre da relação de dependência da mulher branca; esta, antes de morrer, fez com que Francisca prometesse que cuidaria de seu túmulo enquanto vivesse, pois sabia que os filhos que restaram não o fariam. Tal

---

55 JESUS, Francisca de. *Trecho de diário de campo pessoal*, 2017.

exigência lembra as condições impostas por senhores e senhoras de pessoas escravizadas quando concediam a alforria, como ressalta Miriam Hartung,[56] que afirma que era muito comum que a alforria viesse acompanhada de requisitos, tais quais a continuidade de trabalho por algum período de tempo, cuidar de alguma pessoa da família ou posse das senhoras e senhores, exigências que, normalmente, eram cumpridas. No caso de Francisca, é o que pude aferir, pois ela cumpre a promessa que fez à antiga patroa. Antes ia limpar e colocar flores todos os meses em seu túmulo; agora vai apenas em datas especiais, como Dia das Mães, Finados e aniversário da patroa falecida.

Francisca nunca teve a carteira assinada enquanto trabalhou para essa mulher, nem mesmo lavando e faxinando outras casas, apenas quando trabalhou numa fábrica, como costureira. Em 2017, ela estava com 62 anos, tinha problemas na coluna, hérnia, hipertensão arterial, diabetes, dores nos joelhos e ainda não estava aposentada. Queixava-se de dor nas costas e de um problema na coluna que tinha há algum tempo, por causa dos trabalhos pesados e por carregar muito peso; me contou ainda que, desde muito novinha, carregava sacos de areia pesados para ajudar o pai. Também já lavou roupa para fora, para mulheres brancas, e isso contribuiu para seu problema de coluna. Não trabalha mais fora, mas faz tudo em casa. De acordo com ela:

– Eu até poderia aposentar por invalidez, mas não vale a pena, porque ganha pior. Tô pagando minha aposentadoria por mês no INSS, já falei com o advogado e, olha, minha filha, torcendo pra sair logo. Acho que esse ano sai.[57]

---

56 HARTUNG, Miriam. "Muito além do céu: escravidão e estratégias de liberdade no Paraná do século XIX". *TOPOI*, vol. 6, nº 10, 2005, pp. 143-191.

57 JESUS, Francisca de. *Trecho de diário de campo pessoal*, 2017. No ano passado, soube, em conversa com sua filha, que dona Francisca finalmente conseguiu se aposentar e estava muito feliz.

A filha mais velha de Francisca, naquela época, vivia em Itajaí e trabalhava como empregada doméstica em casa de mulher branca da cidade. As outras duas filhas já trabalharam como empregadas domésticas, mas conseguiram terminar o ensino médio com bastante dificuldade e, com isso, puderam trabalhar em empresas de *telemarketing* ou no pedágio próximo à cidade. Em 2017, uma delas trabalhava na cozinha de um restaurante nos finais de semana e a outra, Esperança, como professora de reforço na prefeitura da cidade. Ela conseguiu esse trabalho meses depois do meu período de trabalho de campo. Ainda em campo, acompanhei uma audiência pública, que ocorreu na cidade, para apresentar a comunidade da Toca e suas demandas perante as autoridades da cidade e a população. Nesse dia, Esperança foi uma das poucas pessoas da comunidade que se levantou e foi falar sobre os problemas da Toca, depois de outras duas mulheres da comunidade. Em suas palavras:

– Eu queria também acrescentar alguns fatos sobre a questão do trabalho. Hoje em dia, as mulheres da comunidade da Toca, elas não têm emprego. Porque metade delas já é, já tem uma idade avançada e então não pode trabalhar. A outra parte, que somos nós, jovens, a gente tem ensino médio completo, a gente sabe ler, a gente sabe escrever, porém a gente não é chamada para uma vaga de emprego aqui na comunidade de Paulo Lopes. Então, a gente tem que sair daqui pra ir trabalhar na Palhoça, no Centro ou até mesmo em Garopaba, que foi o meu caso. Trabalhei três anos lá na Palhoça, porque aqui eu não conseguia um serviço. Então, por qual motivo que fora daqui as pessoas nos chamam pra trabalhar e aqui não? Isso pra mim é também uma discriminação contra nós, porque se em outro lugar chamam a gente pra trabalhar, o que tá acontecendo aqui que não tem serviço pra gente? (...) E nos comércios, se tu for nos comércios aqui, você não encontra um negro trabalhando. Os homens, a mesma coisa. Os homens da nossa comunidade não têm trabalho aqui. Deve ter uns três só trabalhando na fábrica de arroz.[58]

---

58 ESPERANÇA, 23 anos. *Transcrição de vídeo*, 2017.

Luiza Mahin é a mulher mais velha de outro núcleo residencial da comunidade. Ela contava que desde nova ajudava os pais no trabalho da roça, pescava com a mãe e a irmã Adelina e, também já trabalhou como faxineira em casas de famílias brancas de Paulo Lopes. Depois que se casou com Cruz, parou de trabalhar fora e passou a cuidar de sua casa e de suas e seus filhos. Um dia, em uma de nossas conversas, perguntei a ela sobre sua vida laboral e sobre o que faziam as mulheres mais velhas no passado. Ela respondeu:

– Ah, aquela menina... as mulheres pescavam, cuidavam da casa, cozinhavam e eram empregadas domésticas. Não era fácil a vida das pretas naquela época. Minha mãe trabalhou de doméstica, eu trabalhei em casa de patroa branca e minhas filhas também.[59]

Ela sempre relembrava o passado como um período de muita dificuldade para as pessoas da Toca, mas também ressaltava que, apesar da dificuldade dos tempos atuais, alegrava-se de não correr mais o risco de passar fome, como antigamente. Luiza, assim como Francisca, nunca teve carteira assinada e não estava aposentada. Vivia da renda do marido que se aposentou por invalidez, depois de um acidente na cooperativa em que trabalhava. Ela tinha várias queixas em relação a ele, mas agradecia muito o fato de ele não deixar faltar nada em casa. Uma de suas filhas também se levantou para falar no dia da audiência. Dentre outras questões, mencionou o problema do trabalho e afirmou que "o jovem da nossa comunidade não trabalha em Paulo Lopes. Então, essa é uma questão que a gente gostaria de começar a mudar. Se possível nessa gestão, a gente tá com bastante esperança nesse ponto".

Com a irmã de Luiza, Adelina, conversei apenas uma vez, já que passava toda a semana trabalhando fora. Ela tinha 62 anos e trabalhava há 11 anos na empresa Sotepa, limpando e fazendo cafezinho. Adelina me contou que ainda não tinha tempo para se

59 MAHIN, Luiza. *Trecho de diário de campo pessoal*, 2017.

aposentar, porque esse era seu único trabalho com carteira assinada. O marido, pedreiro, já estava aposentado.

Dona Zeferina, falecida no mês de setembro de 2017, com 81 anos, era uma das mulheres mais velhas da comunidade, ao lado de sua comadre, Wangari Muta – hoje com 85 anos –, com quem dividia a liderança desse núcleo residencial. Por toda a cidade de Paulo Lopes, Zeferina era conhecida como "Mãe Zeferina". Certa vez, eu a acompanhava ao curso oferecido pelo CRAS para as mulheres da Toca e perguntei por que as pessoas da cidade a chamavam dessa maneira. Ela contou que já trabalhou em quase todas as casas de Paulo Lopes, como empregada doméstica e cuidando das crianças. Em uma das casas, a patroa ensinou os filhos a chamarem-na de Mãe Zeferina, e o apelido pegou pela cidade toda. Ela diz que gostava de trabalhar assim, pois ganhava seu dinheirinho, mas que nunca teve carteira assinada.

– Isso é coisa de agora, né? Antes não tinha disso de carteira assinada, minha filha.

Enquanto Mãe Zeferina cuidava das casas e filhos dos brancos, a filha mais velha cuidava de sua casa, das irmãs e irmãos. Essa filha, já falecida, morou em Itajaí, onde trabalhava como empregada doméstica. Dona Zeferina já estava aposentada. Contou que mesmo sem ter carteira assinada nos trabalhos domésticos, ela conseguiu aposentar-se pelo tempo de trabalho rural que exerceu desde muito novinha. Dona Zeferina era o exemplo vivo do estereótipo da "mãe preta", apontado por Lélia Gonzalez[60] como a mulher negra que tem de deixar suas filhas e filhos para cuidar das crianças da população branca, sendo explorada nessa situação.

Dona Mariana Crioula, liderança do quarto núcleo da comunidade da Toca e presidente da Associação Quilombola, apesar de

---

60 GONZALEZ, Lélia. "Racismo e sexismo na cultura brasileira". *Revista Ciências Sociais Hoje*, 1984, pp. 223-244.

não ter nascido ali, também narrava vivências parecidas. Mariana e o marido, Ernesto, estavam aposentados por invalidez e tentavam conseguir a aposentadoria do irmão de Ernesto também, pois ele havia tido um AVC e estava com as pernas ruins. Muitas e muitos na comunidade são aposentados por invalidez ou poderiam estar, pois têm muitos problemas de saúde. Toda a gente da comunidade sempre fez e faz trabalhos muito pesados e, por isso, mesmo não estando tão velhos, apresentam impedimentos para continuar trabalhando. Embora Mariana não tivesse contado muito sobre sua vida laboral, voltei à Toca no início de setembro para o chá de bebê de sua neta, que acabara de dar à luz a seu bisneto. Nesse dia ela estava relaxada, em clima de festa, receptiva e conversou bastante. Na sala de sua casa, estávamos Cinthia, Gisely – vizinha e pesquisadora da comunidade –, Monique – estudante de jornalismo que iniciava uma pesquisa ali –, meu companheiro Daniel, eu e dona Mariana. Não sei bem ao certo sobre o que conversávamos, mas logo Mariana falou:

> – Outro dia eu briguei mesmo com uma mulher de Paulo Lopes. Fui firme e ela até assustou. Falei que ela tinha que me escutar e mandei ela calar a boca. Eu faço assim mesmo. O povo daqui acha que não pode, porque sempre trabalharam nas casas de Paulo Lopes e acham que devem obediência. Eu não acho. Se fosse assim, eu também tinha que obedecer a mulher que foi patroa da minha mãe a vida inteira lá em Florianópolis. A mãe sempre trabalhou lá, limpando, cozinhando. E eu desde pequenininha ficava lá também. Depois acabei trabalhando pra ela e pras filhas dela também. Limpando, cuidando de criança. Mas isso não quer dizer que eu tenho que obedecer elas, não. Não mesmo.[61]

A sobrinha de Mariana, Carolina, foi a pessoa com quem mais conversei do núcleo de dona Mariana. Carolina tem 47 anos e morava na comunidade há mais ou menos um ano, em um

---

61 MARIANA CRIOULA. *Trecho de diário de campo pessoal*, 2017. (Grifo nosso).

ranchinho sem banheiro, construído pelo então namorado, filho de Luiza Mahin. Mais ao final do trabalho de campo os dois brigaram, terminaram e na última vez que fui à Toca, Carolina e seu ranchinho não estavam mais lá. Contou-me que foi moradora de rua por muito tempo e que, quando soube que tinha HIV – que pegou do último marido, já falecido –, começou a usar muitas drogas e teve vontade de morrer. Mudou-se para a Toca para deixar as drogas e dizia estar melhor. Teve três filhos; uma delas foi criada por Mariana e é vizinha de dona Francisca. Trabalhou muito tempo como empregada doméstica; 15 anos na mesma casa em Florianópolis. Queixou-se pelo fato de a patroa não ter assinado sua carteira, mas disse não ter coragem para denunciá-la. Carolina cuidou dessa senhora quando ela teve um câncer grave e foi mandada embora quando a patroa soube de seu HIV. Ela me contava que tinha dores e problema na coluna por causa dos trabalhos pesados que fez durante sua vida, e que esperava a cirurgia pelo SUS há muitos anos.

Algumas filhas de Mariana trabalhavam na granja, em uma cidadezinha ao lado de Paulo Lopes; outras faziam bicos em casas da cidade. No dia da audiência, Zacimba, filha de Mariana, também foi à frente do auditório colocar suas questões:

– E outra coisa é isso do serviço. Porque toda vez que nós procuramos serviço aqui, a gente nunca encontrou. Aqui têm três pessoas que saem de madrugada pra trabalhar na granja. [*Alguém da comunidade grita: Isso mesmo Zacimba*!]. Porque aqui não tem um emprego. E, oh, aqui, oh, minha mão tá toda cortada [*mostrando a palma da mão para o prefeito e mesa de autoridades*]. Porque nós passamos trabalho, fazemos de tudo, porque aqui não se encontra emprego. Aqui, os brancos escolhem muito as pessoas pra trabalhar. É isso que eu tenho pra dizer, prefeito. Muito obrigada![62]

---

62 ZACIMBA. *Transcrição de vídeo*, 2017.

Após essa fala, Zacimba foi muito aplaudida por todas as pessoas da comunidade que estavam ali, em sua maioria, mulheres. Jovens e mais velhas gritavam, assoviavam e aplaudiam, pois sabiam bem que a fala de Zacimba sobre a dificuldade dos trabalhos representa a realidade de todas elas durante muitas gerações.

Além dessas narrativas, durante o período do trabalho de campo, tive a oportunidade de participar de um curso de confecção de geleias, no qual havia mulheres brancas da cidade de Paulo Lopes e três mulheres negras da comunidade da Toca: Aqualtune, Maria Aranha, filha de Zacimba e neta de Mariana, e Tia Simoa, da família da Toca, mas moradora de outro bairro de Paulo Lopes. As mulheres brancas do curso eram donas de casa católicas, de classe média e algumas aposentadas. Em suas falas, demonstravam ter gente para limpar suas casas. Durante o curso, observei que elas anotavam as instruções em cadernos e a professora dizia que daria também uma apostila com todas as receitas. Maria Aranha sabia ler e escrever, mas Aqualtune e Tia Simoa, por exemplo, não sabiam. As mulheres brancas plantavam em suas casas e terras, falavam em alimentos orgânicos, em açúcar mascavo, demerara, suco verde, demonstrando serem diferentes das mulheres da Toca e terem uma relação com a alimentação muito distinta.

Na Toca, apesar de terem bastante espaço para plantar, elas não plantavam. Alimentavam-se sem nada de frutas, verduras, legumes. O sinônimo de boa alimentação ali era comer bastante carne, comida pesada que sustenta. Na casa de Francisca, os cafés da manhã e da noite eram compostos de café preto puro e pão feito por ela com margarina; no almoço sempre havia arroz branco, alguma carne – quase sempre partes não nobres de galinha, pois como Francisca mesmo contava, isso era o mais barato e acessível para comer; alguns dias havia macarrão. De volta ao curso, usávamos água sanitária para higienizar os alimentos, e caiu um pouco na mão de uma das mulheres brancas. Ela reclamou e eu brinquei:

– Vai desbotar a mão.

Ela respondeu:

– O problema é o cheiro que vai ficar... de faxineira.

Durante os dois dias de curso, elas faziam "piadas" do tipo: "Tá me achando com cara de faxineira?"; "Tá achando que eu sou lavadeira?"; "Eu não faço isso, eu tenho empregada pra fazer pra mim" etc. A atitude das mulheres demonstrava o descaso e desrespeito com as mulheres da Toca que ali estavam e que representavam a mínima parte das mulheres que desde a escravidão cuidaram das casas e crianças da população branca de Paulo Lopes, demonstrando aquilo que Luiza Bairros afirma:

> O que se espera das domésticas é que cuidem do bem-estar dos outros, que até desenvolvam laços afetivos com os que dela precisam, sem, no entanto, deixarem de ser trabalhadoras economicamente exploradas e, como tal, estranhas ao ambiente do qual participam.[63]

Na Toca, encontrei narrativas muito similares em relação à vida laboral e uma nítida continuidade geracional das relações de exploração das mulheres e dos homens brancos da cidade de Paulo Lopes em relação às mulheres e aos homens negros da comunidade. Por outro lado, na comunidade Aldeia, a situação me pareceu um pouco diferente. Na atualidade, há muitas mulheres da comunidade com curso superior ou fazendo faculdade e trabalhando como professoras. Fui descobrindo isso à medida que tentava conhecer essas mulheres, batendo de casa em casa, como havia feito na Toca, e não conseguia encontrar com facilidade as pessoas em casa, pois estavam fora trabalhando. Ellen, ex-presidente da Associação Quilombola da Aldeia, confirmou-me isso em um dia que fui conversar com ela:

---

63 BAIRROS, Luiza. "Nossos feminismos revisitados". *Revista Estudos Feministas*, vol. 2, nº 2, 1995, pp. 459-463.

– A Anastácia [*referindo-se à coordenadora geral do MNU-SC*] reclama que quando tem reunião aqui ninguém vai, mas eu digo pra ela: "Aqui não é a Toca ou São Roque que tá todo mundo ali o tempo inteiro. Aqui, muita gente trabalha fora o dia todo". Os antropólogos vêm aqui e têm que marcar hora pra falar com as pessoas.[64]

O próprio caminho profissional de Ellen revelava as mudanças na realidade das pessoas da comunidade. Ela contou que já trabalhou fazendo faxinas, como empregada doméstica e em serviços gerais na Mormaii. Três anos após terminar o ensino médio, fez a faculdade de Pedagogia à distância na Uniasselvi e, então, começou a trabalhar como professora de educação infantil.

Mesmo que as coisas ainda não fossem fáceis, parecia-me que as mulheres da comunidade da Aldeia estavam rompendo, pouco a pouco, com o destino imposto pelo racismo de trabalharem sempre como empregadas domésticas para a população branca. No entanto, conversando com as e os mais velhos de Aldeia – e, também com algumas lideranças jovens – percebi que as narrativas do passado se assemelhavam muito às narrativas das mulheres da Toca.

Tia Ana, benzedeira e mulher mais velha da Aldeia, relembrou o passado com muita emoção. Quando perguntei sobre seu dom de benzer, ela disse:

– Ô, dona coisa, se eu te contar minha vida toda, dona coisa. Já passei coisa demais nessa vida.

Eu, então, estimulei que ela me contasse sua vida, e ela começou a narrar:

– A gente era muito pobre, muito pobre mesmo. Passava até fome, morava em casinha muito ruim. As casas eram de barro, né? Fazia frio, molhava tudo. Minha vó, minha mãe pescavam pra

---

64 ELLEN. *Trecho de diário de campo pessoal*, 2017.

gente comer e a gente também ia pescar junto, minhas irmãs. Eu também já pesquei com minhas filhas, pra gente comer. A gente pegava aqui no rio de trás, o rio Nicolau; pegava um monte de peixe, siri. A gente lavava roupa nesse rio também, pra fora. E depois eu andava muito, dona coisa. Andava longe, ia lá no Paulo Lopes, na Garopaba pra vender os peixes, trocar em comida, benzer e trocar por comida pros filhos comerem.

Nesse momento, ela comentou algo sobre alguma filha que eu não pude entender, e começou a chorar muito. Permaneceu um tempo chorando; eu apertei sua mão. Logo ela se recompôs e continuou falando.

– Já passei muita dificuldade nessa vida, dona coisa, não era fácil. Andava muito, tudo de pé, pra não deixar os filhos morrerem de fome. Hoje tá muito melhor. A gente tem onde morar, o que comer.[65]

Na Agontimé, 78 anos, nascida na Aldeia e sobrinha de Ana e Vó Ciloca, também relembrou as dificuldades do passado. Assim como Tia Ana, ela falou da importância que tinha a pesca para a Aldeia; sempre foi o sustento das pessoas dali, como profissão para alguns homens e como forma de garantir alimentação para as e os filhos por parte das mulheres. Quando era novinha, ela ia pescar com Vó Ciloca e o que conseguiam era distribuído pelas pessoas da comunidade comer. O que restava os irmãos levavam longe, como à Penha (município próximo de Paulo Lopes), para trocar por café, farinha. Na Agontimé acredita que é muito importante que as histórias do passado continuem vivas e preocupa-se porque os e as mais jovens não sabem quase nada. Para ela, saber das dificuldades das e dos mais antigos é fundamental para aprender a valorizar tudo o que foi feito para que estejam ali hoje.

65 TIA ANA. *Trecho de diário pessoal*, 2017.

Ela conta que trabalhou desde os 12 anos como doméstica para ajudar os pais. Depois foi morar em Curitiba, junto com o marido, em busca de trabalhos. Na capital paranaense, ela trabalhou na floricultura de um japonês por muitos anos e disse que foi muito explorada. Quando saiu do trabalho, ficou muito decepcionada pela forma com que o ex-patrão a tratou e pela falta de honestidade em pagar o acerto. Depois disso, ela pensou que nunca mais queria ter que trabalhar para alguém. O marido trabalhava de motorista para uma empresa de Curitiba. Hoje, estão aposentados e abriram uma floricultura em frente à sua casa, na qual os dois trabalham juntos.

Dandara, 69 anos e presidente da associação quilombola da Aldeia na época de meu trabalho de campo, narrou as dificuldades de seu percurso laboral. Nascida na Aldeia, ela contou que viveu nas três capitais do sul do Brasil – Florianópolis, Curitiba e Porto Alegre – trabalhando como empregada doméstica e limpando em algumas empresas. Disse-me também que era aposentada por invalidez, pois quando trabalhava limpando no Hospital Celso Ramos, teve um acidente com uma seringa que perfurou seu braço direito e limitou o movimento. O braço ficou mais curto, a mão não abria, ela teve que fazer fisioterapia e aposentou-se por invalidez em 1999. Por ter que trabalhar, Dandara não teve tempo de estudar na juventude. Disse que só aprendeu a ler e escrever depois da aposentadoria, em um projeto de educação do campo que ocorreu em parceria com o MNU/SC na comunidade da Aldeia.

Preta Quilombola, vice-presidente da Associação Quilombola da Aldeia, com 34 anos em 2017, representa uma geração mais jovem da Aldeia e, ainda assim, conta que teve que começar a trabalhar nova. Seu primeiro trabalho foi aos 14 anos, como babá. Depois disso já trabalhou como recepcionista em hotel, vendedora em loja, no estoque da Mormaii e como educadora quilombola junto ao MNU atuando na comunidade do Morro do Fortunato. Hoje, ela cursa Serviço Social na UFSC e tem bolsa. Em uma de nossas conversas sobre o quilombo e a situação laboral das mulheres e homens da Aldeia, Preta disse:

– A gente passou por um processo que vinha falando pra gente que não era pra plantar mais, criar gado; fomos perdendo nossas terras, escutando que a gente tinha que trabalhar fora. Agora é difícil, porque a questão quilombola é isso, né, é voltar nesse processo, é recuperar nossas coisas. É claro que ninguém é obrigado a plantar e pode fazer o que quiser da vida. Você já viu Ori de Beatriz do Nascimento? Então... se a pessoa quer ser *playboy* da universidade, pode ser. Ela tem que ter esse direito. Não é o que eu quero pra mim. Mas a gente tem que aprender a valorizar o que é nosso também e saber que a gente pode ser outras coisas. Tava falando com a mãe... aqui é assim, a pessoa começa no Silveira [*rede de supermercados em Garopaba e Imbituba que pertence à família que antigamente era dona dos escravizados*], depois vai pra Mormaii. Trabalha o dia inteiro, fora de casa e ganha R$1.200,00. Ou seja, não mudou nada! Não tô desvalorizando trabalho nenhum, mas a gente tem que saber que pode fazer outras coisas. A gente pode plantar orgânico, que dá muito dinheiro hoje em dia, pode criar algum bicho. E isso não tira que a gente possa sair e fazer faculdade se quiser.[66]

A fala de Preta mostra que, mesmo com um maior grau de estudos, as mulheres e homens da Aldeia continuam trabalhando fora para pessoas brancas e ricas das cidades de Garopaba e Imbituba. Em sua narrativa e nas de outras mulheres das comunidades da Aldeia e da Toca, percebo que a relação da maioria das mulheres negras com o trabalho perpetua-se desde a escravidão. Elas continuam sendo colocadas em lugares considerados inferiores em relação a homens e mulheres brancas. Lélia Gonzalez[67] afirma que

---

66 PRETA QUILOMBOLA. *Trecho de diário de campo pessoal*, 2017.

67 GONZALEZ, Lélia. "Racismo e sexismo na cultura brasileira". *Revista Ciências Sociais Hoje*, 1984, pp. 223-244.

o que parece é que a população negra não chegou a esse estado laboral, mas que, na verdade, nunca saiu dele. Conforme a autora:

> Acontece que a mucama "permitida", a empregada doméstica, só faz cutucar a culpabilidade branca porque ela continua sendo a mucama com todas as letras. Por isso ela é violenta e concretamente reprimida. Os exemplos não faltam nesse sentido; se a gente articular divisão racial e sexual de trabalho fica até simples. Por que será que ela só desempenha atividades que não implicam "lidar com o público"? Ou seja, em atividades onde não pode ser vista? Por que os anúncios de emprego falam tanto em "boa aparência"? Por que será que, nas casas das madames, ela só pode ser cozinheira, arrumadeira ou faxineira e raramente copeira? Por que é "natural" que ela seja a servente nas escolas, supermercados, hospitais, etc. e tal?[68]

Diante das diversas narrativas de mulheres da comunidade da Toca e da Aldeia, ficam evidentes as diferenças históricas e sociais entre os universos brancos e negros. Dessa forma, me parece que as críticas de feministas negras e descoloniais são totalmente pertinentes quando nos atentamos a essas realidades "outras". Sueli Carneiro[69] chama atenção para o fato de que as mulheres negras tiveram uma experiência histórica distinta à que predomina no discurso clássico sobre opressão contra mulher e, portanto, não podem caber nas mesmas reivindicações de mulheres brancas, principalmente no que diz respeito à questão do trabalho. A autora afirma que:

> Quando falamos do mito da fragilidade feminina, que justificou historicamente a proteção paternalista dos homens

68 GONZALEZ, Lélia. "Racismo e sexismo na cultura brasileira". *Revista Ciências Sociais Hoje*, 1984, p. 233.

69 CARNEIRO, Sueli. "O papel do movimento feminista na luta antirracista". *In*: MUNANGA, K. (Coord.). *O negro na sociedade brasileira*: resistência, participação, contribuição. Brasília: Fundação Palmares, 2004.

> sobre as mulheres, de que mulheres estamos falando? Nós, mulheres negras, fazemos parte de um contingente de mulheres, provavelmente majoritário, que nunca reconheceram em si mesmas esse mito, porque nunca fomos tratadas como frágeis. Fazemos parte de um contingente de mulheres que trabalharam durante séculos como escravas nas lavouras ou nas ruas, como vendedoras, quituteiras, prostitutas...Mulheres que não entenderam nada quando as feministas disseram que as mulheres deveriam ganhar as ruas e trabalhar! Fazemos parte de um contingente de mulheres com identidade de objeto. Ontem, a serviço de frágeis sinhazinhas e de senhores de engenho tarados. Hoje, empregadas domésticas de mulheres liberadas e dondocas, ou de mulatas tipo exportação.[70]

É nesse sentido que Gonzalez[71] relembra que os trabalhos das mulheres negras escravizadas nas casas-grandes criaram condições mais amenas e ociosas de vida para as mulheres brancas. É dessa relação colonial que surgem as maneiras como as mulheres negras são vistas e tratadas até hoje na sociedade. A doméstica é a mucama permitida, é quem presta serviços, é "o burro de carga que carrega sua família e a dos outros nas costas". Angela Davis[72] também coloca que, desde a escravidão, as mulheres negras trabalharam muito mais fora de casa do que as mulheres brancas. De acordo com ela, nos Estados Unidos, até a Segunda Guerra Mundial, só 9% das mulheres negras não trabalhavam como empregadas domésticas. Se para as mulheres brancas imigrantes havia a possibilidade de

---

70 CARNEIRO, Sueli. "Enegrecer o feminismo: a situação da mulher negra na América Latina a partir de uma perspectiva de gênero". *Portal Geledés*, 06 mar. 2011. Disponível em: https://www.geledes.org.br/enegrecer-o-feminismo-situacao-da-mulher-negra-na-america-latina-partir-de-uma-perspectiva-de-genero/. Acessado em: 28.06.2022.

71 GONZALEZ, Lélia. "Racismo e sexismo na cultura brasileira". *Revista Ciências Sociais Hoje*, 1984, p. 230.

72 DAVIS, Angela. *Mulher, raça, classe*. Tradução livre: Plataforma Gueto, 2013.

escolher entre trabalho doméstico ou outros, para as mulheres negras esse era o único destino, fato que, infelizmente, não mudou muito no caso das mulheres da comunidade da Toca. De acordo com suas narrativas, esse é um dos únicos trabalhos que conseguem encontrar na cidade de Paulo Lopes.

Já as mulheres da Aldeia conseguem pouco a pouco romper com esse destino, porém, sem romper totalmente com o *status quo*. Davis[73] enfatiza que definir tautologicamente as pessoas negras como criadas é um traço essencial da ideologia racista. De acordo com a autora, o trabalho doméstico era o menos apreciado entre as ocupações e o mais difícil de sindicalizar. Só em 1881, elas conseguem filiar-se a sindicatos nos Estados Unidos e lutar por condições mais justas de trabalho. O interessante é que Davis[74] observa que as feministas brancas, desde essa época, relutavam em tomar conhecimento das reivindicações das trabalhadoras domésticas, em sua maioria, negras. Essa omissão, conveniente em suas agendas feministas de classe média, justificou por muito tempo – e ainda justifica – a exploração de suas criadas. Dessa forma, as ativistas feministas acabaram por perpetuar a opressão contra qual protestavam. Mas sua insensibilidade e contradição podem ser explicadas pela noção escravista de que pessoas que trabalham como criadas têm estatuto inferior ao de seres humanos.

> A criada, por outro lado, trabalhava apenas para satisfazer as necessidades da sua mestra/dona. Provavelmente vendo a sua criada como uma extensão de si própria, a feminista dificilmente tinha consciência do seu papel ativo como opressora.[75]

---

73 DAVIS, Angela. *Mulher, raça, classe*. Tradução livre: Plataforma Gueto, 2013.

74 DAVIS, Angela. *Mulher, raça, classe*. Tradução livre: Plataforma Gueto, 2013.

75 DAVIS, Angela. *Mulher, raça, classe*. Tradução livre: Plataforma Gueto, 2013, p. 73.

Davis[76] afirma ainda que, desde a escravidão, o trabalho ocupou tanto tempo na vida das mulheres negras que acabou ofuscando aspectos de existência feminina e, portanto, pensar na exploração das mulheres negras é pensar em seu papel histórico como trabalhadora. Aos olhos do sistema da escravatura, as mulheres negras eram vistas, antes de tudo, como trabalhadoras e, assim, distanciadas dos ideais de feminilidade pautados na condição de mãe cuidadora, companheiras e donas de casa para seus maridos. Quando assumiam esses lugares, não era para cuidar de suas casas, mas para servir à "casa-grande" como cozinheiras, criadas e mães das crianças brancas. O fato de algumas serem mais valorizadas por "parirem" muitos bebês não significava que eram vistas como mães, mas apenas como reprodutoras de mão de obra escrava. As mulheres negras eram totalmente desprovidas de feminilidade e fragilidade na medida em que tinham que trabalhar tanto quanto os homens negros em trabalhos pesados como lenhadoras, garimpeiras em minas, fundições de ferro, entre outros.[77]

> Exigidas pelos seus donos a serem "masculinas" na *performance* do seu trabalho como se fossem homens, as mulheres negras devem ter sido profundamente afetadas pelas suas experiências durante a escravatura. Algumas, sem dúvida, foram quebradas e destruídas, no entanto a maioria sobreviveu e, no processo, adquiriu qualidades consideradas tabus pela ideologia do século XIX sobre a natureza feminina. (...) talvez estas mulheres aprenderam extrair das circunstâncias opressivas das suas vidas a força que precisavam para resistir diariamente à desumanização da escravatura. A sua consciência da sua capacidade sem fim para o trabalho duro pode-lhes ter comunicado a confiança

---

76 DAVIS, Angela. *Mulher, raça, classe*. Tradução livre: Plataforma Gueto, 2013.

77 DAVIS, Angela. *Mulher, raça, classe*. Tradução livre: Plataforma Gueto, 2013.

> na sua capacidade para lutar por si mesmas, pelas suas famílias e pelo seu povo.[78]

Apesar dos trabalhos nas casas-grandes, a maior parte das mulheres negras trabalhava no campo, assim como os homens negros, o que também aparece nas narrativas das mulheres da Toca e da Aldeia. Ainda que as mulheres negras fossem vistas da mesma forma que os homens negros pelo sistema de escravatura, elas sofriam de forma distinta o peso da escravidão, pois eram vítimas de abuso sexual e outros maus-tratos por parte dos homens e mulheres brancas. "Como fêmeas, elas estavam sujeitas a todo tipo de coação sexual e eram violentamente punidas, castigadas e violadas".[79] É nesse sentido que é importante pensar a categoria "mulheres negras" de forma distinta à de mulheres brancas ou de homens negros, já que há especificidades nessas vivências que colocam as mulheres negras em papéis e posturas de luta muito distintas ao das mulheres brancas. Dessa forma, para pensarmos em um feminismo que dê conta da realidade das mulheres negras em um país multicultural, plurirracial e racista como o Brasil, devemos levar em conta o racismo como um eixo articulador das relações e hierarquias de gênero, já que nós, mulheres negras, não necessitamos superar apenas as consequências de uma hegemonia masculina, mas também as da hegemonia branca. É por isso que Carneiro[80] sugere que deve haver a articulação entre gênero, classe

---

78 DAVIS, Angela. *Mulher, raça, classe*. Tradução livre: Plataforma Gueto, 2013, p. 15.

79 DAVIS, Angela. *Mulher, raça, classe*. Tradução livre: Plataforma Gueto, 2013, p. 12.

80 CARNEIRO, Sueli. "Enegrecer o feminismo: a situação da mulher negra na América Latina a partir de uma perspectiva de gênero". *Portal Geledés*, 06 mar. 2011. Disponível em: https://www.geledes.org.br/enegrecer-o-feminismo-situacao-da-mulher-negra-na-america-latina-partir-de-uma-perspectiva-de-genero/. Acessado em: 28.06.2022.

e raça para enegrecer as reivindicações feministas e feminizar as pautas dos movimentos negros.[81]

Dessa forma, fica evidente nas críticas das intelectuais negras e nas narrativas das mulheres negras das comunidades quilombolas Toca e Aldeia que não é possível universalizar a categoria "mulher", pois ela nega a vivência das mulheres que não são brancas. Pelo contrário, é muito importante pensar nas especificidades das diversas experiências de ser mulher e nas consequências disso.

81 CARNEIRO, Sueli. "Enegrecer o feminismo: a situação da mulher negra na América Latina a partir de uma perspectiva de gênero". *Portal Geledés*, 06 mar. 2011. Disponível em: https://www.geledes.org.br/enegrecer-o-feminismo-situacao-da-mulher-negra-na-america-latina-partir-de-uma-perspectiva-de-genero/. Acessado em: 28.06.2022.

COSMOPOLÍTICA DO CUIDAR

Durante a semana, dona Francisca acordava sempre às seis horas da manhã. Uma hora antes, o marido, Lima, levantava-se e tomava o café que ela deixava preparado no dia anterior e ia bem cedo trabalhar na fábrica de arroz da cidade de Paulo Lopes. Logo ela levantava-se com a neta, que logo iria para a escola, e lhe servia o café da manhã; depois, nós tomávamos café da manhã juntas. Conversávamos bastante e logo eu saía para andar pela comunidade e conversar com outras mulheres. Pelas manhãs, Francisca lavava roupas em uma máquina de lavar antiga que tem, limpava a casa e, às vezes, ia ao centro de Paulo Lopes para comprar comida, materiais de limpeza, remédios, pagar contas.

O dinheiro para pagar tudo provém do trabalho de Lima, mas quem administra tudo na casa é dona Francisca. Normalmente, eu só voltava perto do horário de almoço e preparava a salada, já que Francisca não deixava que eu fizesse muito mais. Francisca começava a preparar o almoço por volta das 10h30, 11h, todos os dias, por isso, ao meio-dia já estava tudo pronto. Era também ao meio-dia que a neta chegava da escola e, muitas vezes, o filho vinha almoçar, mesmo morando sozinho em uma casinha na comunidade. Nós nos sentávamos para comer com toda a mesa posta: pratos, comida, talheres, suco, copos. O filho apenas se sentava, comia e depois se deitava no sofá para descansar e ver televisão.

Lima só chegava depois das 13h, quando terminava o turno de trabalho. Até ele chegar, toda a comida continuava na mesa. Ele sentava-se à mesa, comia e depois ia para a varanda descansar. Francisca recolhia todos os pratos, talheres, copos e panelas. Levava para a cozinha, lavava e secava tudo. Ela nunca me deixou ajudar, então eu apenas lavava meu prato, talheres e copo. Depois disso, ela deitava-se no quarto para descansar um pouco. Muitas mulheres na comunidade tinham esse hábito, que eu acabei adotando durante o campo. Descansava um pouquinho ou aproveitava para escrever e logo saía pela comunidade outra vez. Francisca levantava-se, fazia um pouco de crochê, ligava a televisão e mais tarde preparava o lanche ou o jantar. Novamente, era ela quem colocava tudo na mesa e preparava a comida. Depois, recolhia tudo, lavava, secava e deixava o café pronto para que no outro dia Lima tivesse o que tomar pela manhã. Ajudava a neta com os deveres e ficava vendo televisão até tarde junto com ela. Lima ia dormir primeiro e em seguida elas também iam.

Na minha primeira semana em campo na comunidade da Toca, pude passar o meu único final de semana ali. Nos outros, Francisca recebia visitas de parentes de fora da comunidade e eu voltava para casa. Domingo era o único dia da semana que Lima não trabalhava fora, então ele almoçava no mesmo horário que todo mundo. As filhas, Eva Maria e Esperança – que viviam em outro bairro de Paulo Lopes –, geralmente, iam almoçar também. Nesse domingo em que eu estava presente, Esperança veio com o marido para almoçar. Ela ajudou a colocar a mesa e no final, lavou toda a louça e eu sequei. Francisca disse que, quando as filhas iam almoçar, a louça ficava por conta delas. Mas o filho homem almoçava lá todos os dias e não ajudava em absolutamente nada. Não pegava nenhum copo e nem colocava na pia. Apenas se sentava, comia e se levantava. O marido agia da mesma maneira, e Francisca não parecia se incomodar com isso. Quem se incomodava era eu, que, claro, não dizia nada, mas sempre pensava no absurdo e machismo que aquilo representava. Minha vontade era dizer para Francisca exigir que o filho e o marido ajudassem, mas sabia que tinha de ter muito cuidado com essas pressuposições, já que o trabalho se tratava exatamente de perceber quais eram suas ideias sobre ser mulher e a relação que isso poderia ter com as lideranças.

Ao andar pela comunidade e conversar com outras mulheres dali, percebi que eram elas, também, que faziam todo o serviço da casa. Acordavam sempre cedo e ficavam em casa. Poucas saíam para trabalhar fora. Os homens saíam, fosse para trabalhar ou estar pelo centro de Paulo Lopes. Dessa forma, eu só encontrava as mulheres que, diariamente, limpavam suas casas, cozinhavam, cuidavam de suas e seus filhos, lavavam. Nos dias de sol, a comunidade inundava-se de cores das roupas estendidas nos varais. Quando conheci Aqualtune, Acotirene e Luiza Mahin, elas contaram, orgulhosamente, sobre as receitas de doces e comidas que sabiam fazer e os trabalhos manuais, como crochê e vagonite, que faziam. Mostraram para mim os trabalhos que, realmente, eram muito bonitos. Cada vez que chegava à casa de Luiza, ela estava fazendo bicos de crochê em panos de prato e em toalhas, que as filhas tinham bordado e pintado. Ela mostrava para mim e ficava muito contente quando eu elogiava. Perto do meio-dia, eu era sempre obrigada a deixar as casas e minhas interlocutoras, pois tinham que começar a fazer seu almoço. A verdade é que a maioria delas nem gostava muito de me receber pela manhã, pois eu acabava atrapalhando o horário de limpeza, cozinhar e lavar roupas. Zâmbia, filha de dona Zeferina, me dizia diretamente:

– Vem me visitar pela tarde, aí a gente pode conversar bastante. Agora não dá, porque tenho muita coisa pra fazer.

Na Aldeia, não pude participar tão efetivamente do dia a dia das mulheres, mas pude perceber algumas coisas por meio das visitas que realizei. Embora a maioria das mulheres e homens trabalhasse fora, encontrava em casa as que já estão aposentadas, quase sempre acompanhadas dos maridos, já aposentados também. No caso de Dandara, ela separou-se dos dois maridos, e Tia Ana é viúva de dois casamentos. Nas conversas com Preta e sua mãe, Marlete, pareceu-me que, ainda assim, as tarefas domésticas, como limpar, cozinhar, cuidar das e dos filhos, são realizadas pelas mulheres.

De forma geral, estava claro que tanto na comunidade da Toca como na Aldeia o trabalho doméstico era feito pelas mulheres. Ao longo do meu trabalho de campo, essa questão foi ficando bem mais complexa. Era muito interessante notar nas narrativas das mulheres da Toca a existência de um marco entre quando elas tinham que trabalhar fora de casa, nas casas das mulheres brancas, e quando elas começaram a trabalhar apenas dentro de suas próprias casas. Quando eu perguntava sobre suas vidas laborais, elas contavam sobre seus trabalhos nas casas das patroas brancas e sempre vinha um "mas", que enunciava o momento a partir do qual não tiveram mais que fazer esses trabalhos e puderam trabalhar apenas em suas casas. Tal fato era sempre narrado com um sorriso no rosto, um tom de alívio que parecia querer dizer que, ao livrarem-se da exploração desses trabalhos, elas estavam livres de cuidar das casas e filhos das outras, para serem donas e cuidadoras de suas próprias casas e crianças. Esse marco estava quase sempre ligado ao casamento. Elas demonstravam gratidão aos maridos por não deixarem faltar nada dentro de casa. Pouco a pouco, eu ia aprendendo que a percepção delas sobre fazer as tarefas de casa era bastante distinta da minha e da ótica adotada pelo discurso feminista clássico. Paulatinamente, as mulheres das duas comunidades me ensinavam a tênue diferença entre cuidar – cozinhar, limpar, administrar a casa e as finanças – e servir como empregada aos outros.

As narrativas das mulheres de ambas as comunidades me revelaram que o cuidado exercido pelas mulheres em suas casas, em vez de ser algo que as aprisiona, é um elemento de potência. De acordo com Angela Davis,[82] essa é uma característica que remonta ao tempo da escravidão. A autora aponta que a vida social das senzalas era uma extensão da vida familiar e, assim, o papel social da mulher se estendia para a comunidade escravizada como um todo. A vida doméstica tinha um papel essencial na vida da

82 DAVIS, Angela. *Mulher, raça, classe*. Tradução livre: Plataforma Gueto, 2013.

população escravizada, pois era o único espaço onde podiam ser humanas e humanos. Portanto, as mulheres negras não eram inferiorizadas por suas tarefas domésticas, como foram as mulheres brancas. Diferentemente delas, as mulheres negras não podiam ser tratadas simplesmente como "donas de casa".

> Num ensaio escrito em 1971 – usando as poucas fontes que me foram permitidas na minha cela prisional – eu caracterizei o significado da mulher escrava nas funções domésticas do seguinte modo: na infinita angústia de ministrar as necessidades dos homens e das crianças à sua volta...ela desempenhava o único trabalho da comunidade escrava que não era diretamente reivindicado pelo seu opressor. Não havia remuneração pelo trabalho nos campos: não servia nenhuma proposta útil para os escravos. O trabalho doméstico era o único trabalho com sentido para a comunidade escrava como um todo... (...) Precisamente através do desempenho do trabalho penoso que foi sempre uma expressão central da condição social de inferioridade das mulheres, para as mulheres negras acorrentadas podiam ajudar a estabelecer as bases de alguns níveis de autonomia, para elas próprias e para os seus homens. Mesmo que ela sofresse debaixo da opressão única como mulher, ela impulsionava o centro da comunidade escrava. Ela era, por isso, essencial à sobrevivência da comunidade. Desde então percebi que o carácter especial do trabalho doméstico durante a escravatura, é central para o laço entre homens e mulheres, envolvendo trabalho que não era exclusivamente feminino. Os homens escravos executavam importantes responsabilidades domésticas e não eram – por isso – como Kenneth Stampp tinha dito – meros colaboradores das suas mulheres. Enquanto as mulheres cozinhavam e costuravam, por exemplo, os homens jardinavam e caçavam (...). Essa divisão sexual do trabalho doméstico não parecia ser hierárquica: as tarefas dos homens eram certamente não superiores e eram dificilmente

> inferiores ao trabalho desempenhado pelas mulheres. Eram ambos igualmente necessários.[83]

As relações descritas por Davis entre homens negros e mulheres negras no tempo da escravidão nos Estados Unidos parecem-me muito presentes nas comunidades da Toca e Aldeia. Com isso não quero dizer que se trata de comunidades onde prevalece a harmonia e não há conflitos de nenhum tipo entre homens e mulheres. Porém, o que trato de frisar aqui é que o fato de as mulheres trabalharem em suas casas, limpando, cozinhando, cuidando das crianças, não pode ser visto como fator de inferiorização e subordinação, como querem os discursos feministas hegemônicos. Marilyn Strathern[84] também aponta para isso no caso de seus estudos com a população Hagen na Melanésia. De acordo com a autora:

> A capacidade mental (vontade, consciência), segundo relato que me foi feito em Hagen, torna-se inicialmente visível quando uma criança demonstra sentimento para com aqueles com quem se relaciona e vem a perceber a interdependência ou reciprocidade que caracteriza as relações sociais. Os relacionamentos assumem sempre uma forma específica. Apresentam-se inicialmente num contexto doméstico, por exemplo quando a criança reconhece que sua mãe precisa tanto de gravetos para o fogo quanto ela precisa de comida para se alimentar. Um aspecto de reciprocidade se sobrepõe ao relacionamento desigual, assimétrico. A criança é levada a ter um outro modelo de interdependência nas figuras de seus pais. Como adultos, marido e mulher são retratados como mutuamente dependentes, inclusive pela diferença

---

83 DAVIS, Angela. *Mulher, raça, classe*. Tradução livre: Plataforma Gueto, 2013, pp. 19/20.

84 STRATHERN, Marilyn. *O Gênero da Dádiva*: problemas com as mulheres e problemas com a sociedade na Melanésia. Campinas: Editora da Unicamp, 2006.

> entre eles. (...) A atividade recíproca no lar vem a simbolizar a intencionalidade orientada para o outro.[85]

Dessa forma, assim como observei nas comunidades da Toca e Aldeia, a autora mostra que, para o caso Hagen, a oposição entre masculino e feminino não se refere, intrinsicamente, ao controle de homens e mulheres uns sobre outros.

Ao conversar com Preta Quilombola, a importância do cuidado ia ficando cada vez mais evidente. No segundo dia de trabalho de campo, havia passado a tarde conversando com ela sobre essa temática e ela havia me contado muito sobre seu caminho até se tornar vice-presidente da associação quilombola da Aldeia. Dois dias depois, voltei e ela logo foi falando:

– Tava pensando sobre isso que a gente conversou outro dia. Pra mim, liderança não tem a ver comigo ser vice-presidente. A liderança se constrói muito antes disso. Eu sempre fiz as coisas e vou continuar fazendo. O Zumbi fala que ano que vem vai ter chapa concorrente pra eleição. Mas eu digo que nem aceito, porque se as pessoas quiserem ajudar, que ajudem, então. Tem muita coisa pra fazer, a gente vai achar ótimo. É até mais fácil fazer coisas pela comunidade sem estar na direção, sabe. Porque quando a gente tá na direção tem muita cobrança.[86]

A fala de Preta me mostrava que aquilo que eu estava tomando por liderança não coincidia com o que realmente era a liderança dentro das comunidades. Ser líder não tinha, necessariamente, a ver com estar na presidência da associação, mas com atitudes que as pessoas tomavam ao longo da vida em relação à comunidade. Com Preta, podia conversar diretamente sobre o tema da pesquisa

---

85 STRATHERN, Marilyn. *O Gênero da Dádiva*: problemas com as mulheres e problemas com a sociedade na Melanésia. Campinas: Editora da Unicamp, 2006, p. 148.

86 PRETA QUILOMBOLA. *Trecho de diário de campo pessoal*, 2017.

e, ao mesmo tempo que eu pensava e perguntava sobre liderança de mulheres nas comunidades quilombolas, ela refletia sobre o próprio fato de ser liderança. Dessa forma, refletimos e discutimos juntas a questão de as mulheres desempenharem papéis de lideranças nas comunidades quilombolas. No ano de 2016, quando apresentava meu projeto em uma disciplina metodológica, o professor e colegas de sala perguntavam o que eu estava entendendo por liderança. Eu não tinha muitas respostas, apenas contestava que estava tomando por liderança a figura que presidia as associações. Buscava na literatura antropológica mais respostas sobre a temática quilombola, mas não encontrava nada que me desse por satisfeita. E eis que nas conversas com Preta tudo começava a fazer sentido; diante de minhas indagações, ela expunha uma teoria local – que estava elaborando devido à nossa relação – sobre tipos de liderança e as características necessárias para ser líder.

Em uma de nossas conversas, perguntei quem ela considerava liderança na Aldeia. Ela pensou, pensou e disse que para ela, Dandara era uma liderança na comunidade. Continuou pensando por algum tempo e não sabia bem que nomes falar. Acabei perguntando para ela se Vó Ciloca – considerada a matriarca fundadora da Aldeia – podia ser considerada também uma liderança enquanto estava viva.

– Sim, claro! A Vó Ciloca era uma liderança sim. Ninguém fazia nada sem falar com ela. Ai, até emociono de pensar na vó. *A vó era incrível! Ela ajudava todo mundo*. Sempre preocupada por todos. Sempre preocupada que todo mundo estivesse bem. Ah, a vó era muito importante! Todo mundo perguntava tudo pra ela. O vô também era importante, não benzia, mas sabia muito de planta, *cuidava de todo mundo. A vó Ciloca também*. E o vô morreu bem antes e a vó ficou. Ela que incentivou a construção da sede. *Ela cuidava de todo mundo*. Ela fazia as festas e todo mundo perguntava pra ela o que fazer. A vó ganhava um salário-mínimo só, mas sempre dava um trocadinho pra todo mundo. Ela sempre perguntava se tava tudo bem em casa, se tinha comida. Ela decidia onde cada um construía a casa. Ah, depois que a vó morreu mudou muita coisa. Ela mantinha a comunidade unida. Quando a gente começou a falar em quilombola, ela deu todo apoio! Ah, a vó era demais![87]

Quando Preta falou sobre a avó e o avô, ficou muito evidente para mim que o cuidado tinha um papel muito importante na liderança. A primeira vez que perguntei para ela como havia se tornado a vice-presidente da associação, ela me contou toda sua trajetória até chegar à presidência, passando pela participação no MNU e por entender-se como negra. E disse em dado momento:

– Tentei o vestibular três vezes na UFSC e só passei na terceira. Tentei Antropologia, mas depois vi que não era isso que eu queria e tentei Serviço Social e passei. É o que estudo hoje e gosto. Acho que vai ser mais útil para a comunidade.[88]

E mais uma vez ficava evidente que para ser liderança era necessário cuidar da comunidade de alguma maneira. No dia em que perguntei a ela se Vó Ciloca podia ser considerada liderança, também indaguei sobre a possibilidade de Tia Ana – irmã de Vó Ciloca e importante benzedeira local – ser uma liderança. Preta disse:

– Ah, sim, *Tia Ana é uma liderança também. Porque assim, né, tem vários tipos de liderança.* A Menininha de Gantois, por exemplo, pode ser um tipo de liderança, porque todo mundo escuta muito ela na comunidade. Mas ela não participa das questões quilombolas. *Tia Ana é importante por causa do seu conhecimento das plantas, de benzer. Ela ajuda todo mundo benzendo, curando.* Aí tem os mais velhos que são muito importantes pra gente e então entra Tia Ana outra vez. A sabedoria dos mais velhos é muito importante, por isso que temos o conselho Griôt. Tudo que a gente vai fazer, a gente pergunta pra eles e eles dizem: "Ah, isso sim

---

87 PRETA QUILOMBOLA. *Trecho de diário de campo pessoal*, 2017. (Grifo nosso).

88 PRETA QUILOMBOLA. *Trecho de diário de campo pessoal*, 2017.

pode fazer, isso não". E aí tem as lideranças que têm a ver com as questões quilombolas, como Dandara, Martin...[89]

E foi depois disso que, baseada na fala de Preta e em diálogo com ela, chegamos a três tipos de liderança: liderança sociocultural, que corresponde às pessoas mais velhas que têm importante influência na comunidade e são muito ouvidas por todas e todos; liderança religiosa, na qual entram as benzedeiras, parteiras e curandeiras de algum tipo; e liderança política, que consistem nas pessoas que estão envolvidas mais diretamente nas lutas por direitos quilombolas da comunidade. Todos esses tipos de liderança mostram as possibilidades do cuidar dentro da comunidade. O cuidado pode ser pelas lutas políticas do quilombo, pode ser cuidando da saúde das pessoas da comunidade, ensinando-as a ler e escrever, aconselhando, ouvindo, cuidando das crianças, da casa, dentre outros. A partir dessas conversas com Preta, voltei o meu olhar para a comunidade da Toca de outra maneira. Após os dois meses de trabalho de campo por lá, eu sabia bastante sobre a vida das mulheres, mas muito pouco sobre liderança. Mas agora tudo ficava mais entendível. As mulheres mais velhas de cada núcleo eram, na verdade, lideranças socioculturais. E Mariana Crioula, além de ser uma liderança sociocultural, era também uma das únicas lideranças políticas, por ser a presidente da Associação Quilombola da Toca de Santa Cruz. Luiza era apontada por algumas pessoas da comunidade como curandeira. Ela me dizia que isso era coisa do passado. Nesse sentido, podemos pensá-la como uma liderança religiosa.

Com tudo isso, observo que ser líder exige que a pessoa tenha cuidado e comprometimento com a comunidade e as pessoas que pertencem a ela. O cuidado é uma característica muito importante e que, na maioria das vezes, está associada às mulheres que cuidam da casa, cuidam dos filhos e das filhas, cuidam das pessoas da

---

89 PRETA QUILOMBOLA. *Trecho de diário de campo pessoal*, 2017. (Grifo nosso).

comunidade e da manutenção da comunidade enquanto quilombola. A combinação da força – que a dureza da vida as obrigou a desenvolver – e da capacidade de cuidar faz das mulheres as lideranças preferenciais das comunidades quilombolas. Talvez, por isso, existem tantas em Santa Catarina e no Brasil. Enquanto a sociedade, de forma geral, não valoriza os trabalhos de cuidado, normalmente associados às mulheres, as comunidades quilombolas assim o fazem, reconhecendo nas figuras das cuidadoras as suas lideranças políticas, socioculturais e religiosas.

ENEGRECER E DESCOLONIZAR O FEMINISMO

As narrativas das mulheres das duas comunidades quilombolas ressaltam a importância de trabalhar com o conceito de interseccionalidade, usado pela primeira vez em 1989 por Kimberlé Crenshaw[90] para mostrar as diferentes maneiras como raça e gênero interagem nas experiências de vida das mulheres negras e como essas vivências não podem ser apreendidas se as dimensões de raça e gênero forem tomadas separadamente. Como explica Luiza Bairros, atentar-se para raça, gênero e classe social como dimensões que intersecionam nas vivências de mulheres negras salienta que essas mulheres experimentam as opressões de um lugar distinto ao de mulheres brancas ou homens negros, e isso "proporciona um ponto de vista diferente sobre o que é ser mulher numa sociedade desigual, racista e sexista".[91]

María Lugones[92] também enfatiza a importância de trabalhar a interseccionalidade de gênero, raça, classe, sexualidade para entender as realidades de mulheres negras e não brancas. Tratar essas categorias de forma separada é um erro epistemológico que não permite entender as violências que sofrem essas mulheres que,

---

90 Apesar de várias autoras negras usarem a noção há muito tempo, por exemplo, Lélia Gonzalez – fato reconhecido por Angela Davis em conferência na UFBA no ano de 2017 –, reconhece-se que a jurista e intelectual negra norte-americana Kimberlé Crenshaw foi uma das responsáveis por cunhar o termo "interseccionalidade".

91 BAIRROS, Luiza. "Nossos feminismos revisitados". *Revista Estudos Feministas*, vol. 2, nº 2, 1995, p. 461.

92 LUGONES, María. *Colonialidad y género*. Bogotá: Tabula rasa, 2008.

além de serem oprimidas pela colonialidade de poder,[93] também são pela colonialidade de gênero. Insistir nesse erro é continuar excluindo as mulheres não brancas das lutas por liberdade em nome da categoria mulher, que ao homogeneizar acaba selecionando aquilo que é dominante, como por exemplo, as fêmeas brancas, burguesas e heterossexuais. Da mesma forma, a categoria "negro" seleciona machos negros heterossexuais. Portanto, separar categoricamente seres e fenômenos sociais invisibiliza as experiências de interseção, como as vividas por mulheres negras. A interseção mostra o que se perde e, então, só podemos ver as mulheres negras se pensarmos gênero e raça relacionados entre si. O que isso quer dizer é que a categoria "mulher" em si, sem estar entrelaçada a outras categorias, tem um caráter racista, pois seleciona mulheres brancas, burguesas e heterossexuais e esconde o abuso e a desumanização envolvidos na colonialidade de gênero.[94]

Toda a produção violenta do sistema de gênero moderno/colonial transformou as pessoas não brancas em animais, e as mulheres brancas em reprodutoras da raça branca e da classe burguesa. Considerar o gênero como imposição colonial provoca uma mudança na forma de estudar as sociedades pré-coloniais, na medida em que questiona o uso do conceito de gênero como parte da organização social. Portanto, é importante analisar até que ponto o sistema de gênero constituiu a colonialidade do poder e como a colonialidade do poder constituiu o sistema de gênero. Um não pode existir sem o outro, já que classificar a população em termos de raça é uma condição para sua possibilidade. É nesse âmbito que percebemos que tanto a raça quanto o gênero são ficções poderosas e intimamente ligadas. Ao não perceber isso, o feminismo branco hegemônico apagou as mulheres negras e

---

93 Termo cunhado por Aníbal Quijano. Colonialidade serve para designar aquilo que se reitera da colonização, uma vez que ela é um fato do passado, mas tem consequências que continuam no presente.

94 LUGONES, María. *Colonialidad y género*. Bogotá: Tabula rasa, 2008.

não brancas. Considerar só as mulheres brancas como mulheres faz parte da história do Ocidente. As fêmeas excluídas e subordinadas por essa descrição eram vistas e tratadas como animais, no sentido mais profundo de serem indivíduos "sem gênero", marcadas sexualmente como fêmeas, mas sem características de feminilidade. Mesmo quando foram atribuídas gênero, pelos interesses dos colonizadores, as mulheres não brancas receberam o status inferior que acompanha o ser mulher, mas sem nenhum dos privilégios das mulheres brancas burguesas.

O feminismo hegemônico branco apagou a história das relações entre mulheres brancas e não brancas e equiparou mulheres brancas à categoria de mulher e, assim, não se preocupou com a opressão de gênero de ninguém mais. Como não perceberam as diferenças, não viram necessidade de criar coalizões; apenas assumiram uma sororidade entre as mulheres pelo fato da sujeição de gênero.[95] É nesse sentido que Betty Ruth Lerma[96] critica o fato de que para muitas teóricas é imprescindível o uso dessas categorias, tais como gênero. Para a autora, é desta forma que diversas mulheres são levadas a incorporar estes discursos feministas hegemônicos como únicos meios para sua emancipação, fazendo com que este tipo de feminismo seja colonial. Ao relacionar o feminismo hegemônico com o colonialismo, percebemos que esse deslegitima e invisibiliza os saberes das mulheres negra, indígenas, ciganas, ribeirinhas, chicanas, enfim, das mulheres não brancas em geral.

Sueli Carneiro[97] também chama atenção para o fato de que os grupos de mulheres indígenas e de mulheres negras possuem demandas

---

95 LUGONES, María. *Colonialidad y género*. Bogotá: Tabula rasa, 2008.

96 LERMA, Betty Ruth L. *El feminismo no puede ser uno porque las mujeres somos diversas*. Aportes a un feminismo negro decolonial desde la experiencia de las mujeres negras del Pacífico colombiano. Cali: La manzana de la discordia, 2010.

97 CARNEIRO, Sueli. "Mulheres em movimento". *Estudos avançados (USP)*, São Paulo, vol. 17, nº 49, 2003, pp. 117-132.

muito específicas que não podem ser, simplesmente, incluídas sob a questão do gênero. As especificidades de ser mulher nos diversos casos devem ser levadas em conta. No caso das mulheres negras é importante perceber que há diferentes dimensões de subvalorização, e que o racismo tem total influência no rebaixamento de status dos gêneros. Nesse sentido, pensar nas vivências de mulheres negras é reconhecer as diversidades e desigualdades que existem entre as mulheres e que foram apagadas durante a história do movimento feminista brasileiro. Dentro deste movimento, as mulheres negras tomaram consciência de que a identidade de gênero não trazia consigo, naturalmente, a "solidariedade racial intragênero",[98] o que podemos perceber também pelas narrativas das mulheres das comunidades da Toca e da Aldeia. É daí que decorre a necessidade de renunciar às propostas universalistas feministas, que acabam se mostrando mais frágeis e problemáticas do que úteis para as diversidades e especificidades.

Yuderkys Miñoso[99] afirma que nosso ponto de partida é reconhecer que o pensamento feminista clássico tem sido produzido por mulheres que gozam de um privilégio epistêmico graças às suas condições de classe e raça. O papel do feminismo negro e descolonial é partir das margens, das experiências e conhecimentos de mulheres racializadas, e romper com o ponto de vista eurocêntrico, valorizando, dessa forma, as construções de mundo e saberes tradicionais. Assim, é necessário radicalizar na crítica aos universalismos teóricos feministas que não servem para explicar as realidades e opressões de mulheres negras e não brancas.

Oyèrónkẹ́ Oyěwùmí[100] também aponta para a necessidade de rever o conceito de gênero e as implicações de seu uso nos estudos

---

98 CARNEIRO, Sueli. "Mulheres em movimento". *Estudos avançados (USP)*, São Paulo, vol. 17, nº 49, 2003, p. 120.

99 MIÑOSO, Yuderkys E. *Una crítica descolonial a la epistemologia feminista crítica*. México: El cotidiano, 2014.

100 OYĚWÙMÍ, Oyèrónké. "Conceituando o gênero: os fundamentos eurocêntricos dos conceitos feministas e o desafio das epistemologias africanas". Trad.

das populações africanas. Para ela, toda a arquitetura da pesquisa de gênero provém de experiências europeias e norte-americanas, e isso faz com que as estudiosas feministas desses locais – ou dessas perspectivas – ocupem um lugar importante como fonte de conhecimento sobre as mulheres. "Como resultado de seus esforços, o gênero tornou-se uma das categorias analíticas mais importantes na empreitada acadêmica de descrever o mundo e tarefa política de prescrever soluções".[101] Isso não quer dizer que tenhamos que ignorar as feministas hegemônicas, mas que devemos localizar seus interesses e preocupações. Essas pesquisadoras usam gênero para entender e explicar a opressão contra as mulheres em todo o mundo e, dessa forma, assumem a categoria mulher e sua subordinação como universais. No entanto, devemos ter em mente que essas categorias são construções socioculturais e não podem ser pontos de partida da pesquisa, mas questões a serem investigadas. Se o gênero é socialmente construído, tanto a categoria social "mulher" como as formas de opressão contra ela não são universais.

É nesse sentido que Strathern[102] nos chama à reflexividade acerca do movimento e pensamento feminista, que tem suas raízes na sociedade ocidental, por isso, faz-se necessário contextualizar seus pressupostos. Conforme sua pesquisa, há uma diferença entre a sociabilidade ocidental e a melanésia, que não permite a extensão pura e simples das percepções feministas ocidentais ao caso melanésio. Como as socialidades são diferentes, as mulheres também o são; portanto, a categoria "mulher" não é imutável e

---

Juliana Araújo Lopes. *Codesria Gender Series*. vol. 1. Dacar: Codesria, 2004, pp. 1-8.

101 OYĚWÙMÍ, Oyèrónké. "Conceituando o gênero: os fundamentos eurocêntricos dos conceitos feministas e o desafio das epistemologias africanas". Trad. Juliana Araújo Lopes. *Codesria Gender Series*. vol. 1. Dacar: Codesria, 2004, p. 2.

102 STRATHERN, Marilyn. *O Gênero da Dádiva*: problemas com as mulheres e problemas com a sociedade na Melanésia. Campinas: Editora da Unicamp, [1988] 2006.

não há atributos comuns entre todas as mulheres. Para a autora, a antropologia feminista tem visto as desigualdades entre sexos como um fenômeno universal e, para ela, essa premissa de que podemos perguntar em qualquer parte se as mulheres são dominadas pelos homens é equivalente à premissa antropológica de que instituições sociais existem da mesma forma em qualquer lugar. Dessa forma, fica explícito que é um erro pressupor uma equivalência entre membros do mesmo sexo sem levar em conta onde vivem.

Nesse âmbito, Strathern reitera que cabe à antropologia perceber se as mulheres são o mesmo "problema"[103] em todas as "sociedades" e descobrir a presença ou a ausência da predominância masculina e, desse modo, revelar os fundamentos das relações de gênero nas instâncias sociais concretas. Uma boa parte do feminismo tem entendido o que mulheres e homens fazem como modelos do que "mulheres" e "homens" fazem e, assim, considerado como a problemática da diferença entre masculinidade e feminilidade. A etnografia deve buscar compreender se, localmente, "ser mulher" e "ser homem" ocupa um lugar organizador na classificação do comportamento e perceber o que a diferenciação pode significar. No caso Hagen, por exemplo, Strathern afirma que não podemos nos enganar pela dicotomia "domínio doméstico versus domínio político". As críticas feministas antropológicas dos anos 1970 assumem esses domínios como pontos de referência fixos, assim, os dados antropológicos interpretavam a masculinidade e a feminilidade como referentes ao que homens e mulheres são e fazem, respectivamente. Então, gênero torna-se uma categoria para explorar o estudo das relações masculino-feminino. O feminismo hegemônico tomou como axiomática a referência do simbolismo masculino/feminino para as questões de homens e mulheres, e os domínios público e privado foram tomados como representações

---

103 Refiro-me, aqui, ao título provocativo da obra de Strathern: *O Gênero da Dádiva*: problemas com as mulheres e problemas com a sociedade na Melanésia.

através da polarização masculino/feminino. Ao universalizar a associação do domínio doméstico com feminino e do domínio público com masculino, o gênero foi considerado como modelo nativo e universal de dualidade. No entanto, o que Strathern mostra é que algumas dicotomias servem para o Ocidente, mas não para outros povos, como por exemplo os Hagen e outros povos na Melanésia.

De forma parecida, o que aprendi nas comunidades quilombolas Toca de Santa Cruz e Aldeia, com as mulheres dali, é que havia divisão sexual do trabalho entre homens e mulheres, porém, as relações de gênero dentro das comunidades eram mais bem explicadas por uma ideia de complementaridade. Ao longo do trabalho de campo nas duas comunidades, percebia que assim como tem tarefa que a mulher faz, tem aquela que homem faz também. As casas das comunidades foram, quase todas, construídas pelos homens dali. A casa de Francisca foi toda construída pelo marido Lima; o filho também sabe construir. Na Aldeia, Zumbi está construindo a futura casa dele e de Preta, com a ajuda do irmão e do sogro, Machado. A maioria dos homens da Toca trabalha como pedreiro ou faz bicos desse tipo e na Aldeia; muitos trabalharam ou trabalham ainda como pedreiros ou serventes. Na Toca, quando os homens estavam na comunidade, estavam sempre trabalhando, construindo a casinha para alguém da comunidade. Quando um casal queria juntar-se, escolhiam um local próximo à mãe da noiva e vários homens da comunidade uniam-se para levantar a casa para que o casal pudesse morar. Dessa forma, parece haver um trato, um pacto social: os homens constroem as casas, trabalham fora, trazem o dinheiro e as mulheres cozinham, limpam as casas, cuidam das crianças e administram as finanças.

Angela Davis[104] traça, historicamente, a maneira como o trabalho doméstico foi sendo depreciado. Conforme afirma a autora, nas primeiras décadas da revolução industrial que ocorrem

104 DAVIS, Angela. *Mulher, raça, classe*. Tradução livre: Plataforma Gueto, 2013.

verdadeiras metamorfoses sociais. No período pré-industrial homens brancos camponeses lavravam a terra, muitas vezes ajudados pelas mulheres, e elas trabalhavam como manufatureiras e cuidando da família. O lugar das mulheres era em casa, não como servidoras desvalorizadas, e sim como trabalhadoras produtivas dentro da economia doméstica e, assim, tinham seus trabalhos valorizados. Com a revolução industrial, boa parte das mulheres brancas foram retiradas de suas atividades econômicas tradicionais e começaram a trabalhar nas fábricas, o que fez com que elas também tivessem renda. No entanto, dentro de casa elas continuavam a desempenhar o papel de mães e esposas. Diante do impacto da industrialização, o trabalho doméstico foi encolhendo-se e perdendo prestígio. As mulheres brancas de classe média, que cuidavam de suas casas, começaram a perceber que "como donas de casa na nova era do capitalismo industrial, elas perdiam importância econômica em casa e o seu status social como mulheres deteriorava-se".[105] É nesse contexto que surgem as demandas feministas hegemônicas em relação ao direito das mulheres de trabalhar fora de casa, de ter salários mais equânimes aos dos homens, contra a dupla jornada de trabalho, dentre outras.

No entanto, como tratei de expor e argumentar ao longo desse texto, sabemos que essa é a história das mulheres brancas e burguesas. No caso das mulheres negras e pobres, o trabalho doméstico para fora foi sempre o único destino e, portanto, cuidar de suas próprias casas e famílias sempre foi a única forma de trabalho que realmente tinha algum valor. Nos casos das mulheres negras das comunidades quilombolas Toca e Aldeia, essa continua sendo a realidade. Portanto, não é política nem analiticamente interessante assumir as mesmas ideias, conceitos e teorias do feminismo branco e hegemônico para pensar as experiências das mulheres negras nas comunidades quilombolas.

---

105 DAVIS, Angela. *Mulher, raça, classe*. Tradução livre: Plataforma Gueto, 2013, p. 34.

Nos casos das comunidades quilombolas Aldeia e Toca, considero que a dicotomia e valorização de público/privado também não é eficaz. Como tratei de mostrar, nessas comunidades, estamos diante de construções sociais e históricas do "ser mulher" muito distintas das tomadas como referência pelo feminismo branco e hegemônico. Isso acarreta uma organização social e construção de mundo bastante diferente. De fato, as mulheres nessas comunidades estão ligadas aos trabalhos domésticos; mesmo na Aldeia, que há grande quantidade de mulheres trabalhando fora de casa, o cuidado das crianças, da casa, da limpeza, dentre outros, configura-se em atividade das mulheres. Não há impedimento de que os homens cuidem, mas suas atividades estão mais ligadas aos trabalhos exteriores à comunidade ou na construção e manutenção das casas no interior da comunidade. No entanto, percebo que não há uma valorização maior do trabalho feito pelos homens em relação ao das mulheres. Na verdade, parece haver uma valorização contrária ou, simplesmente, distinta; o engajamento das mulheres nos trabalhos domésticos e privados é tão valorizado pelas pessoas das comunidades que é essa capacidade de cuidar que as leva aos lugares políticos e públicos das lideranças.

CONSIDERAÇÕES FINAIS

A partir das experiências e narrativas das mulheres e homens dos quilombos da Toca de Santa Cruz e Aldeia, concluo que, desde os tempos da escravidão até os dias de hoje, elas e eles vêm sendo exploradas e explorados nos trabalhos duros realizados para a população branca. É a partir disso que, junto às feministas negras, descoloniais e, também, de Marilyn Strathern,[106] tratei de mostrar como, realmente, não podemos universalizar a palavra "mulher" e as vivências e demandas das diferentes mulheres. Nesse sentido, a reivindicação clássica do feminismo branco pelo direito de as mulheres trabalharem fora não faz nenhum sentido para as mulheres negras. As narrativas das mulheres da Toca e da Aldeia evidenciam que não é possível encarar da mesma maneira as experiências das mulheres negras das comunidades e das mulheres brancas das cidades de Paulo Lopes, Imbituba e Garopaba. Como apontam Lélia Gonzalez[107] e Strathern,[108] se a mulher é construída socialmente e as "sociedades" mudam, não há possibilidade de pensarmos que ser mulher será igual em qualquer parte. Portanto, se "ser" mulher varia de acordo com os contextos sociais, os modos como

---

106 STRATHERN, Marilyn. *O Gênero da Dádiva*: problemas com as mulheres e problemas com a sociedade na Melanésia. Campinas: Editora da Unicamp, 2006.

107 GONZALEZ, Lélia. "Racismo e sexismo na cultura brasileira". *Revista Ciências Sociais Hoje*, 1984, pp. 223-244.

108 STRATHERN, Marilyn. *O Gênero da Dádiva*: problemas com as mulheres e problemas com a sociedade na Melanésia. Campinas: Editora da Unicamp, 2006.

as mulheres e as atividades que elas fazem são vistas não podem ser encaradas de forma universal.

A partir dessa ideia, atentando-me para os trabalhos e as funções que as mulheres desempenham dentro das comunidades e como isso é encarado pelos grupos de forma geral, pude adentrar um mundo com lógicas bem diferentes. Tanto na Toca como na Aldeia, percebi que os trabalhos domésticos – como limpar a casa, cuidar das crianças, lavar roupas, cozinhar, fazer compras etc. – são de responsabilidade das mulheres. A princípio, isso me incomodava, mas a intenção era compreender o que isso queria dizer localmente. Preta e as outras mulheres com quem pude conversar me ensinaram pouco a pouco que o cuidado ocupa um papel central nas comunidades quilombolas e para o desempenho das lideranças. As mulheres da Toca e da Aldeia ensinaram-me que há uma diferença tênue, porém crucial, entre servir e cuidar. No caso, quando são exploradas nos trabalhos para as famílias brancas, estão servindo; mas quando trabalham dentro de suas próprias casas, estão cuidando. Foi, então, que percebi que esse cuidado para dentro é o que leva as pessoas que exercem o cuidado às lideranças. Também aprendi que os cuidados podem ser de muitos tipos – como cuidar da saúde das pessoas, escutar e aconselhar, ensinar a ler e escrever, envolver-se com a questão da luta quilombola etc. – e que, então, há mais de um tipo de liderança dentro das comunidades quilombolas, podendo esta ser religiosa, política ou sociocultural. No entanto, não importa o tipo de liderança, o cuidado é sempre o pré-requisito fundamental para uma pessoa ser considerada líder, já que esse é um atributo muito valorizado nas comunidades.

Como o cuidado está quase sempre associado às mulheres, isso leva ao fato de que elas sejam as principais lideranças em suas comunidades. Assim, percebo que dentro das comunidades estudadas, a dicotomia público/privado, proveniente do feminismo branco e ocidental, não é eficaz. Enquanto a lógica eurocêntrica dá maior valor às atividades consideradas públicas e exercidas quase sempre por homens, a lógica das comunidades valoriza o trabalho doméstico feito no âmbito do privado a tal ponto que isso torna-se a potência pública da liderança. Portanto, público e privado confundem-se na lógica das comunidades quilombolas. Se, para um grupo de mulheres – em sua maioria, brancas e de classe média –, emancipar-se tem a ver com romper com o âmbito da casa e ganhar o espaço da rua, para as mulheres da Toca e da Aldeia, emancipação e luta têm muito mais a ver com continuar cuidando das pessoas de suas comunidades, sejam elas homens, mulheres ou crianças. Liderança nas comunidades não está ligada com mandar ou sobressair-se sobre os outros, mas com cuidar do grupo de uma maneira geral. O cuidado que essas mulheres exercem historicamente permite que as comunidades (r)existam ao racismo, à pobreza e às dificuldades.

A questão que me levou a realizar a pesquisa com lideranças mulheres quilombolas era entender por que havia tantas mulheres ocupando papéis de lideranças nos quilombos contemporâneos de Santa Catarina e no Brasil. A partir das relações criadas com as mulheres das Comunidades Remanescentes de Quilombo Toca de Santa Cruz e Aldeia e de suas concepções de mundo, permito-me dizer – sem tentar afirmar nada definitivo – que o fato de haver tantas mulheres como lideranças está ligado à questão de serem elas que assumem os papéis de cuidado. Para além disso, vivem em comunidades que valorizam o cuidado de forma muito distinta.

REFERÊNCIAS BIBLIOGRÁFICAS

ALBUQUERQUE, Mauricélia. *Negros em Garopaba-SC*: experiência quilombola nas comunidades da Aldeia e do Fortunato. Florianópolis: Universidade do Estado de Santa Catarina, 2014. (Dissertação de Mestrado).

BAIRROS, Luiza. "Nossos feminismos revisitados". *Revista Estudos Feministas*, vol. 2, nº 2, 1995.

BENJAMIN, Walter. "O narrador: considerações sobre a obra de Nicolai Lescov". *In*: _____. *Obras escolhidas*: magia e técnica, arte e política. São Paulo: Brasiliense, 1985.

BERTAUX, Daniel. "El enfoque biográfico: su validez metodológica, sus potencialidades". Traduzido do francês por TCU 0113020 da Universidad de Costa Rica. *Proposiciones*, nº 29, mar. 1999.

CARDOSO, Cláudia P. "Amefricanizando o feminismo: o pensamento de Lélia Gonzalez". *Revista Estudos Feministas*, Florianópolis, vol. 22, nº 3, 2014.

_____. "História das mulheres negras e pensamento feminista negro: algumas reflexões". *Seminário Internacional Fazendo Gênero 8*: corpo, violência e poder. Florianópolis, ago. 2008.

CARNEIRO, Sueli. "Enegrecer o feminismo: a situação da mulher negra na América Latina a partir de uma perspectiva de gênero". *Portal Geledés*, 06 mar. 2011. Disponível em: https://www.geledes.org.br/enegrecer-o-feminismo-situacao-da-mulher-negra-na-america-latina-partir-de-uma-perspectiva-de-genero/. Acessado em: 28.06.2022.

_____. "O papel do movimento feminista na luta antirracista". *In*: MUNANGA, K. (Coord.). *O negro na sociedade brasileira*: resistência, participação, contribuição. Brasília: Fundação Palmares, 2004.

_____. "Mulheres em movimento". *Estudos avançados (USP)*, São Paulo, vol. 17, nº 49, 2003.

CAZES, Leonardo. "Conceição Evaristo: a literatura como arte da 'escrevivência'". *O Globo*, 11 jul. 2016. Disponível em: https://oglobo.globo.com/cultura/livros/conceicao-evaristo-literatura-como-arte-da-escrevivencia-19682928. Acessado em: 28.06.2022.

COLLINS, Patricia H. *Black Feminist Thought*. Nova York e Londres: Routledge, 2000.

CRENSHAW, Kimberlé. *Mapping the Margins*: Intersectionality, Identity Politics, and Violence Against Women of Color. Nova York: Routledge, 1994.

DAVIS, Angela. *Mulher, raça, classe*. Tradução livre: Plataforma Gueto, 2013.

ELLEN. *Entrevista concedida durante a elaboração da dissertação de Mestrado* ao Programa de Pós-Graduação em Antropologia Social da Universidade Federal de Santa Catarina. Entrevistadora: Nathália Dothling Reis. Imbituba (SC), 2017.

ESPERANÇA. *Transcrição de vídeo* registrado durante audiência pública na cidade de Paulo Lopes (SC) para apresentar a comunidade de Toca da Santa Cruz. Paulo Lopes (SC), 2017.

EVARISTO, Conceição. *Gênero e Etnia*: uma escre(vivência) de dupla face. João Pessoa: Ideia, 2005.

______. *Literatura negra*: uma poética de nossa afro-brasilidade. Belo Horizonte: Scripta, 2009.

______. *Poemas da recordação e outros movimentos*. Rio de Janeiro: Malê, 2017.

GONÇALVES, Antônio M.; MARQUES, Roberto; CARDOSO, Vânia Z. *Etnobiografia*: subjetivação e etnografia. Rio de Janeiro: Viveiros de Castro, 2012.

GONZALEZ, Lélia. *A categoria político-cultural de amefricanidade*. Rio de Janeiro: Tempo Brasileiro, 1988.

______. "Racismo e sexismo na cultura brasileira". *Revista Ciências Sociais Hoje*, 1984.

______. *A importância da organização da mulher negra no processo de transformação social*. Brasília: Raça e Classe, 1988.

GUSSI, Alcides F. "Reflexões sobre os usos de narrativas biográficas e suas implicações epistemológicas entre a Antropologia e a Educação". *26ª Reunião brasileira de Antropologia*, Porto Seguro, jun. 2008.

HAMPÂTÉ BÁ, Amadou. *A tradição viva*: história geral da África. vol. 1. São Paulo: Ática/Unesco, 1980.

HARTUNG, Miriam. "Muito além do céu: escravidão e estratégias de liberdade no Paraná do século XIX". *TOPOI*, vol. 6, nº 10, 2005.

HOOKS, Bell. "Alisando o nosso cabelo". Tradução do espanhol: Lia Maria dos Santos. *Revista Gazeta de Cuba* – Unión de escritores y Artista de Cuba, jan.-fev. de 2005. Disponível em: coletivomarias.blogspot.com/.../alisando-o-nossocabelo.html. Acessado em: 28.06.2022.

______. "Intelectuais negras". Trad. Marcos Santarrita. *Revista Estudos Feministas*, Florianópolis, 1995.

JESUS, Francisca de. *Entrevista concedida durante a elaboração da dissertação de Mestrado* ao Programa de Pós-Graduação em Antropologia Social da Universidade Federal de Santa Catarina. Entrevistadora: Nathália Dothling Reis. Paulo Lopes (SC), 2017.

LERMA, Betty Ruth L. *El feminismo no puede ser uno porque las mujeres somos diversas*: aportes a un feminismo negro decolonial desde la experiencia de las mujeres negras del Pacífico colombiano. Cali: La manzana de la discordia, 2010.

LUGONES, María. "Hacia un feminismo descolonial". *La Manzana De La Discordia*, vol. 6, nº 2, 2011. Disponível em: https://doi.org/10.25100/lamanzanadeladiscordia.v6i2.1504. Acessado em: 12.07.2022.

______. *Colonialidad y género*. Bogotá: Tabula Rasa, 2008.

MACHADO, Bárbara. "Escre(vivência): a trajetória de Conceição Evaristo". *História Oral*, vol. 17, nº 1, 2014. Disponível em: https://www.revista.historiaoral.org.br/index.php/rho/article/view/343. Acessado em: 28.06.2022.

MAHIN, Luiza. *Entrevista concedida durante a elaboração da dissertação de Mestrado* ao Programa de Pós-Graduação em Antropologia Social da Universidade Federal de Santa Catarina. Entrevistadora: Nathália Dothling Reis. Paulo Lopes (SC), 2017.

MARIANA CRIOULA. *Entrevista concedida durante a elaboração da dissertação de Mestrado* ao Programa de Pós-Graduação em Antropologia Social da Universidade Federal de Santa Catarina. Entrevistadora: Nathália Dothling Reis. Paulo Lopes (SC), 2017.

MIÑOSO, Yuderkys E. *Una crítica descolonial a la epistemologia feminista crítica*. México: El cotidiano, 2014.

OYĚWÙMÍ, Oyèrónké. "Conceituando o gênero: os fundamentos eurocêntricos dos conceitos feministas e o desafio das epistemologias africanas". Trad. Juliana Araújo Lopes. *Codesria Gender Series*, vol. 1. Dacar: Codesria, 2004.

PRETA QUILOMBOLA. *Entrevista concedida durante a elaboração da dissertação de Mestrado* ao Programa de Pós-Graduação em Antropologia Social da Universidade Federal de Santa Catarina. Entrevistadora: Nathália Dothling Reis. Imbituba (SC), 2017.

SANTOS, Fátima. "Contar histórias a partir da tradição griot". *VI Congresso de Pesquisa e Pós-Graduação em Artes Cênicas*, vol. 11, nº 1, 2010.

STRATHERN, Marilyn. *O Gênero da Dádiva*: problemas com as mulheres e problemas com a sociedade na Melanésia. Campinas: Editora da Unicamp, 2006.

TIA ANA. *Entrevista concedida durante a elaboração da dissertação de Mestrado* ao Programa de Pós-Graduação em Antropologia Social da Universidade Federal de Santa Catarina. Entrevistadora: Nathália Dothling Reis. Imbituba (SC), 2017.

ZACIMBA. *Transcrição de vídeo* registrado durante audiência pública na cidade de Paulo Lopes (SC) para apresentar a comunidade de Toca da Santa Cruz. Paulo Lopes (SC), 2017.

NOTAS

Eu sou porque nós somos

Mariele Franco
1979-2018